第二言語習得研究
から見た効果的な
英語学習法・指導法

村野井 仁 著

SLA Research and Second Language
Learning and Teaching

大修館書店

はじめに

　本書は，生きる力としての英語運用能力を育てるためにはどのような英語学習および英語指導が効果的であるのかを，第二言語習得（second language acquisition / SLA）研究に基づきながら，実践的に検討したものである。特に，「教室第二言語習得研究」（classroom SLA research）において明らかにされてきた多くのことを視点として，英語学習・英語指導のあり方を見直し，具体的な提案を示すことが本書のねらいである。

　教室SLA研究とは，教室環境における第二言語習得という現象が一体どのようなものなのか，言語習得に関わるさまざまな理論に基づいて記述し，説明することをめざすものである。SLA研究の中でも，特に教室における指導（instruction）が第二言語習得に与える影響に焦点を当てているものを教室SLA研究と呼ぶ。教室SLA研究は，第二言語指導の改善や第二言語学習に関わる問題の解決を直接の目的にしたものではなく，第二言語習得という高度に複雑な人間の認知能力の解明を第一義的な目的とした認知科学の一分野ではあるが，研究の対象が教室における第二言語習得であることから，当然の結果として教師や学習者にさまざまな示唆を与えてくれる。明日の指導にすぐ応用できるようなノウハウ的な知識ではなく，指導法および学習法を組み立てる上での土台となるような基礎的・基盤的知識を教室SLA研究は示してくれるのである。基礎知識ではあるが，それがないと全体が揺らぐような知識，そのような知識を教室SLA研究から学び取ることができると筆者は考えている。病理学が臨床の医師を，物理学が建築士を，気象学が気象予報士を支えるように，SLA理論は，第二言語教師を根本のところで支える。この研究分野に出会ってから20数年間，このことを筆者はさまざまな機会において実感させられている。教室SLA研究のどのような成果が，教師や学習者にとってどのような支えになるのか具体的に示したい。それが本書を書こうと思った動機である。

　本書は，英語教師，英語教師をめざす人，そして，英語学習・第二言語

習得に興味を持つ人に向けて書かれている。特に，英語教師および英語教師志望の方々には，教師が自分の指導が効果的かどうかを評価する際に，教室SLA研究から得られる知見が一種の方位磁石のような働きをするということを伝えたいと思っている。筆者自身，英語および日本語を中学，高校，大学で教えてきたが，教室SLA研究で明らかにされたことに基づいて自分自身の授業を見直し，軌道修正をしたことが幾度となくある。例えば，指導が効果的であるためには生徒の内的な発達段階と指導が合致していなければならないこと，生徒が間違いを犯すのは避けるべきことではなくて発達の重要な過程であること，質，量ともに適切なインプットとアウトプットの機会を生徒に与える必要があること，内容のある事柄について理解し表現する言語活動の中に文法指導を組み込むことが文法習得において効果的であることなど，どれも，筆者が自分の指導を見直す際に支えとなった重要な知見である。

　自分自身の授業評価だけでなく，筆者が大学の英語科教育法の担当者として学生の研究授業や模擬授業を見る際，いい授業がなぜいいのか，うまくいっていない授業がなぜうまくいかないのかを考える上でも，教室SLA研究の成果が役立つと感ずることが多い。最近，中学生・高校生を対象とした見事な授業実践を目にする機会が急速に増えてきている。日常的に英語が使われていない環境でも，生徒たちに英語を運用する力をしっかりと身につけさせる先生方が日本各地にたくさん存在する。そのような授業を見せていただくたびに，英語習得がうまくいっているのは，そのような授業で展開されている指導実践が，教室SLA研究が明らかにしてきた数々の事柄と合致しているからだと思われることが多い。すばらしい授業を展開する先生方は，さまざまな指導法を駆使して第二言語習得そのものを構成する認知プロセス（cognitive process）を適切に促していることが見てとれるのである。第二言語習得に必須な認知プロセスとはどのようなものなのか，そしてそれらはどのような指導や言語活動によって促すことができるのか，このような視点で効果的な指導法・学習法を確認することによって，理論と実践が嚙み合い，その結果，この両者がそれぞれに深みを増すことができるのではないだろうか。そのような期待が本書の背

景にはある。

　本書では，第二言語を学習する人にとっても教室SLA研究が学習法を見直す上で役立つことが示されている。大学生にどのような英語学習をしてきたかと聞くと，学校，特に中学・高校で自分が行ってきた「勉強法」しか知らず，「学習法」を持ち合わせていない学生が少なくないことに気づかされる。第二言語運用能力というダイナミックな力を身につけたいと願っているのに，机に向かって紙とペンを使いながら行う極めて静的な勉強法しか実践していない学生もいるが，そのような学習者には第二言語習得の認知プロセスをさまざまな角度から促すダイナミックな第二言語学習法を紹介したい。それが本書を書こうとしたもう1つの動機である。

　本書は10章から構成されている。各章ではそれぞれのトピックに関してまず理論的な基礎知識を確認し，次にそれらの理論に基づいて効果的であると予測される英語学習法，そして英語指導法を示すのが基本的な流れとなっている。

　第1章では，第二言語習得とは一体どのような現象なのかを母語獲得と比較しながら考察する。第二言語習得への認知的アプローチに基づきながら，気づき，理解，内在化，統合などの認知プロセスを促すことが第二言語習得において重要であることを指摘するのが本章のねらいである。中学校・高等学校で使われている教科書の内容を重視しながら4技能統合型の授業を行うことが認知プロセスを体系的に促す上で効果的であることを，提示・理解・練習・産出（Presentation-Comprehension-Practice-Production）の指導手順を柱として示したい。

　第2章では，どのようなインプットをどのように取り入れるのが効果的なのか，インプット仮説を批判的に検証しながら考える。理解可能なインプット，自分に関連のあるインプット，本物のインプット，この3つの条件を重視した英語学習法，英語指導法を紹介する。

　第3章では，第二言語習得においてインタラクションが果たす役割を確認する。意思を伝えようとして対話者同志が行う意味交渉が，さまざまな点において第二言語の発達を促すことを例示したい。インタラクションを引き起こす自律的学習法，タスクを用いてインタラクションの機会を教室

に作り上げる指導法を提案する。

　第4章ではアウトプットの重要性を指摘する。意味重視のアウトプット活動を行うことによって第二言語運用能力が伸びることをアウトプット仮説およびプロダクション・モデルに沿って確認したい。話す相手がいなくてもアウトプット活動が体系的にできる自律要約法および読後活動としてのアウトプット活動の実践例を本章では示す。

　第5章では，フォーカス・オン・フォームと呼ばれる新しい文法指導形態を紹介する。これは，意味重視の活動の中に言語形式（文法）の習得を促す指導・学習活動を組み込むもので，さまざまな方法が提案されている。文法習得および語彙習得に関わる基本的事柄を確認しながら，フォーカス・オン・フォームとはどのようなものなのか解説する。

　第6章では，第二言語習得に見られる個人差は主にどのような心理的・認知的要因によって生ずるのか考察する。「コミュニケーションしようとする意欲」，「不安」，「認知スタイル」，「ワーキング・メモリー」など，さまざまな点において私たちはそれぞれ異なっている。これらの心理的・認知的な個人差が第二言語習得とどのように関わるのか概観する。個人差を生み出すもう1つの大きな要因である学習ストラテジーについても論じ，本書で紹介したさまざまな学習法との関連から，英語学習者が自身の学習法を見直すための資料を示す。

　第7章は，社会文化要因と第二言語習得との関係を扱う。言語を実際に使用する際には，私たちは相手に対してなんらかの配慮をする。配慮がどのように表わされるかは，言語によって異なっており，その違いを認識し，違いに適応できるようになることは第二言語学習者にとって大きな課題である。ポライトネス・システム，コミュニケーション・スタイルについての解説し，これらが第二言語習得とどのように関わるのかを考察する。

　第8章では，第二言語学習，英語学習はなぜ必要なのかという根源的な問題を取り上げる。このことについて学習者がしっかりとした考えを持つことは，第二言語習得を大きく左右する動機を高めるために不可欠であることを確認する。その上で，第二言語習得とは私たちに豊かなる力を与えてくれる一種の empowerment であり，同時に私たちに闇を照らす光を

与えてくれる enlightenment となる，という筆者の考えを示したい。

第9章では，第二言語学習において私たちが身につけるべきものは，豊かな人間性に裏打ちされた姿勢・態度，広く正確な言語および世界に関する知識，そして異文化間コミュニケーションを可能にする技能の総体であることを明らかにする。このような総合的な能力こそが私たちの共生を可能にする，生きる力としての英語力であることを確認したい。本書で一貫して育てようとしている英語力とは，このような力であることを示すのが本章のねらいである。

終章では，SLA 研究と英語教育の関係に関わるいくつかの問題を論じ，本書のまとめとしたい。

なお，本章全編を通して，「第二言語」という用語は「外国語」を含むものとして用いられていることにご注意いただきたい。第二言語習得および第二言語学習という用語もさまざまな意味で使われることがあるので，以下にこれらの専門用語が本書ではどのような意味で使われているのかを記しておく。

第二言語（second language）：自然な環境で獲得される第二言語，教室で学習される外国語，交流補助語として使われる言語など，母語に加えて人間が身につける全ての言語。習得環境の違いを表す必要がある際には，目標言語が使われていない地域で獲得される言語を「**外国語**」（foreign language）と呼び，目標言語が使われる地域で習得される言語を「**第二言語**」（second language）と呼んで区別することがある。

第二言語習得（second language acquisition）：母語以外の言語を人間が身につけること。自然な環境で母語と同じように第二言語を身につけることを「**第二言語獲得**」（second language acquisition）と呼び，教室環境などで指導を受けて第二言語を習得することを「**第二言語学習**」（second language learning）と呼んで区別することがある。本書では，第二言語習得は，第二言語獲得と第二言語学習の両方を包摂する用語として使われている。

本書で扱っていることは，筆者が勤務する東北学院大学文学部英文学科の学生を対象とする複数の科目において論じてきたものである。授業の中で筆者が提案する英語学習法を実践し，貴重な意見をくれた学生諸君に感謝したい。また，本書の内容の一部は，英語教師の研究会などで紹介してきた。先生方からの反応が大変参考になったことをここに記したい。本書の原稿（の一部）に目を通し，貴重な意見を下さった，大友千乃氏，クリストファー・ロング氏（第7章），若林茂則氏（第1章）にも深く感謝したい。ロング氏には英文の確認および談話完成テスト（第7章）の反応例記入でも協力していただいた。本書の至らない点はもちろん全て著者の責任である。不備な点などあればご指摘いただきたい。

　最後に，本書の企画から編集まで全ての面で筆者を支えて下さった大修館書店の北村和香子氏に心から感謝したい。

2006年3月

村野井　仁

第二言語習得研究から見た効果的な英語学習法・指導法
目次

はじめに　／iii

■第1章　第二言語学習のプロセスと
　　　　　内容中心第二言語学習法・指導法 …………………3
　　　　　第二言語学習とはどのような現象なのか

■第2章　インプット重視の第二言語学習法・指導法 ……………24
　　　　　どのようなインプットをどのように取り入れればよいのか

■第3章　インタラクション重視の第二言語学習法・指導法 ………45
　　　　　対話することはなぜ大切なのか

■第4章　アウトプット重視の第二言語学習法・指導法 ……………64
　　　　　アウトプット活動をすることによって何が育つのか

■第5章　フォーカス・オン・フォームによる文法の習得 …………88
　　　　　文法や語彙はどのようにすれば使える知識として身につくのか

■第6章　第二言語学習と個人差 ……………………………113
　　　　　第二言語学習を左右する心理的要因にはどのようなものがあるか
　　　　　どのような学習ストラテジーを使えば効果的な学習ができるのか

■第7章　社会文化要因と第二言語学習 ……………………135
　　　　　社会の中でことばはどのように使われているのか
　　　　　英語における配慮表現をどう身につけるか

■第8章　第二言語学習の目的 ………………………………152
　　　　　なぜ第二言語として英語を学ぶのか

■第9章　第二言語コミュニケーション能力 ………………………167
　　　　　どのような第二言語能力を育てるのか

■終　章　教室SLA研究と英語学習・英語教育 ………………………186
　　　　　あとがきにかえて

参考文献　／194

索引　／211

第二言語習得研究から見た
効果的な英語学習法・指導法

第1章
第二言語学習のプロセスと内容中心第二言語学習法・指導法

──第二言語学習とはどのような現象なのか──

　「学んだことの証しは、ただ一つで、何かがかわることである。」これは哲学者・教育学者林竹二のことばである（林 1972/1990, p.95）。人が何かを学ぶことの本質を捉えた名言であり、第二言語学習とはいったいどのような現象なのかを考える上でも示唆に富む。[1] 私たちが第二言語を身につけようとするとき、私たちの内部ではどのような変化が起きなければならないのであろうか。第二言語が理解できず、使えない状態から、それを理解し使いこなせるようになるまでの間に、学習者の中では何がどう変わり、そして、それらの変化はどのような要因によって左右されるのだろうか。

　本章では、「第二言語習得（second language acquisition/SLA）への認知的アプローチ」と呼ばれる立場から、第二言語習得（第二言語学習も含む）とは学習者の内部でどのような変化、つまり認知プロセスが連続する現象なのかを確認する。次に、それらの認知プロセスを促す上で効果的な第二言語学習法および英語指導法とはどのようなものか考察する。また

---

[1]　「はじめに」でも記したように、本書では「第二言語」（second language）という用語は「外国語」（foreign language）を含むものとして用いられている。その理由の1つとして、近年、インターネットの普及などによって、非英語圏にいながらも英語を使用する機会が増えてくるなど、狭義の「第二言語」と「外国語」の境界が曖昧になる方向に進んでいることが挙げられる。さらに「外国語」ということばの中には、言語と必ずしも並立しない「国」の概念が入っていることもこの用語を避けるもう1つの理由である。一般的には、この2つの用語は習得の環境の違いを表すために区別されて使われることが多い。たとえば、日本などの英語が使われていない国・地域で英語を学習した場合、その言語は「外国語としての英語」となり、米国などの英語が使われている国・地域で英語を習得した場合、その言語は「第二言語としての英語」と呼ばれることがある。このような使い分けが必要な場合には、本書でも「外国語」という用語を使用する。

「内容中心第二言語学習・指導」の重要性についても論じたい。

　SLA研究の成果に基づき，第二言語習得のメカニズムを理解することは，第二言語を身につけようとする人，そして，特に専門職（professional）として第二言語を教える教師にとってきわめて大切なことである。病気や怪我を治療する医師にとって，人間の生命維持のメカニズムについて知っていることが必須であるのと同様に，特に第二言語教師にとって，人間の言語習得について理解を深めておくことは大きな意味を持つ。この点に関して，Longの以下のことばは示唆に富む：

　　Just as any understanding of how the human body works is likely to be relevant to medical practice at some level, so any theory of SLA is likely to be at least indirectly relevant to language teaching practice, in that SLA is the process language teaching is designed to facilitate（Long, 2004, p. 528）.

　もちろん，知識があるだけでよい治療ができるようにはならないのと同様に，SLA理論を知っているだけでよい授業ができるようにはならない。これらの知識と経験がうまく噛みあうことによってのみ，効果的に第二言語習得を促す実践が可能になることを忘れてはならない（R. Ellis, 1997b）。

　英語教師にとって特に参考になる基礎知識を与えてくれるのは，教室環境での第二言語習得に焦点を当てた「教室SLA研究」（classroom SLA research）であろう。本章では，教室SLA研究の多くが基盤としている第二言語習得への認知的アプローチを中心に論を進める。

❶ 第二言語習得のモデル

　ここでは，まず，子どもの母語獲得について概観し，次に第二言語習得に対してどのような考え方があるのかを確認する。

1. 子どもの母語獲得と大人の第二言語習得の違い
(1) 母語獲得のモデル

　子どもは生まれてから数年の間に，周囲の人から質的・量的に十分なイ

ンプットが与えられれば，ことばを身につけようなどと意図することなく，自然に言語を獲得する。多少の遅い早いはあるにせよ，感覚器官に障害がなければ，どの子どもでも一様に特定言語の完全な母語話者になることができる。周囲の人から与えられるインプットがそれぞれに異なっているにもかかわらず，そして，周囲の人が子どもに話しかけることばは単純な形式がほとんどであるにもかかわらず，子どもたちはインプットよりはるかに複雑な文法を個人差なく均一に使いこなせるようになる。この事実を説明するためには，子どもの頭の中に言語獲得を可能にする何かが生まれる前から備わっていると考えざるを得ない，と主張するのが「生得的言語獲得モデル」である。図1-1が示すように，言語獲得は人間が生まれつき持って生まれた「言語獲得装置」(Language Acquisition Device/LAD)と，インプットに触れるという経験の相互作用によって達成されると考えられている。LAD の中身については，Chomsky を中心とした生成文法の研究者によって研究が進められ，「普遍文法」(Universal Grammar)と，経験と普遍文法の関わり方を規定した「言語獲得原理」(language acquisition principle) から成ると推測されている（橋田他，1999；福井，2001；大津，1989；大津他，2002 など参照）。

　このモデルに基づくと，人間には言語獲得装置ということばの種のようなものが生まれつき備わっていて，その種が，太陽・雨・土壌となるインプットを浴びることによって，本人が意識せずとも育ち，言語が獲得されるということになる。[2]

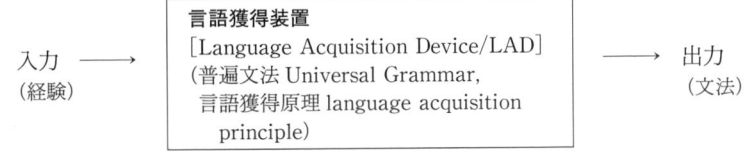

図1-1　母語獲得の生得的モデル（橋田他, 1999 にもとづく）

---

[2] 第一言語獲得のモデルは，生成文法に基づかないものもある。インプット・データに基づいた帰納的な処理を重視する競合モデル（competition model）やコネクショニズム（connectionist model），および，子どもと周囲の人との相互交流を重視する相互交流論（interactionist model）などがある（今井, 2000；小林・佐々木, 1995；小柳, 2004 参照）。

(2) 第二言語習得に対する2つの立場

　第二言語習得の場合，母語獲得と同じような生得的な言語習得能力が機能するのかという問題は，第二言語習得研究の中心的な課題としてこれまでにさまざまな形で研究が積み重ねられている（木下，2004；白畑・若林・須田，2004；若林・白畑・坂内，2006；山岡，1997；L. White, 2003；Hawkins, 2001；Cook, 2001など参照）。

　第二言語学習者が第二言語を習得する際の可能性として，1)普遍文法が完全に機能する（full access to UG），2)母語を通して間接的に機能する（indirect access to UG），3)部分的に機能する（partial access to UG），4)全く機能しない(no access to UG)という4つの可能性が考えられる。[3]

　第二言語習得の場合は，母語獲得のような均一性がないので，一概に上記の説のどれが正しいのか結論づけるのはおそらく不可能である。どのような学習環境でどのようなインプットをどのように受けたのかによって，第二言語習得のメカニズムは大きく左右されるからである。また，第二言語の全ての側面（語彙，音韻，形態，統語，意味，語用）が全て同じメカニズムで習得されるとみなすのも無理なことであろう。生得的な能力で習得される側面もあれば，問題解決型の学習システムが機能する側面もあると考えるのが妥当だからである。少なくとも，目標言語のインプットを受けることによって第二言語学習者の中に中間言語文法が生まれるという現象に関しては，人間の生得的な言語獲得能力が機能していると仮定しなければ説明することは困難であると言えよう。[4]

　第二言語習得は，母語獲得とは全く違うメカニズムで習得されると考える研究者もいる。言語に限らず他の学習の際にも人間が使っている，「一般的問題解決型学習システム」（general problem-solving systems）が第二言語学習を可能にするという考えである。つまり，数学の問題を解いたり，ピアノが弾けるようになったり，サーフィンができるようになったり

---

3) これらの仮説に関する数々の実験は，Hawkins (2001) および White (2003) に詳しく紹介されている。
4) 「中間言語」(interlanguage) とは，学習者の言語のことで，第二言語学習途上の学習者の言語システムを総称したものである。母語と目標言語の中間にある言語という意味で使われている (Selinker, 1972)。

する際の，試行錯誤を重ねて何かを身につけていく問題解決型の学習と第二言語学習は極めて似ているもので，そのメカニズムも共通であるという推測がなされている。これは「根本的相違仮説」(Fundamental-Difference Hypothesis, Bley-Vroman, 1989) と呼ばれるもので，母語獲得の場合には，「個人差がない，成功の度合は均一，意欲の強さは獲得に影響がない」のに対して，第二言語(外国語)習得の場合には，「個人差が大きい，成功の度合はばらばら，意欲の強さが習得を左右する」などのような決定的な違いが見られることに基づいて主張されている。このように第二言語習得が一般的問題解決型学習システムだけによって可能になると考えるのも，やはり無理があると筆者は考える。第二言語習得の一面を説明することはできても，上記のインプットによる文法習得や後述する中間言語の仮説形成を説明することはやはり困難であると言わざるを得ない。

2. 第二言語習得への認知的アプローチ

上記のような問題解決型の一般的学習システムで第二言語習得を説明しようとする研究アプローチは，従来，「第二言語習得への認知的アプローチ」(cognitive approaches to SLA) と呼ばれてきている (Cook, 1993；R. Ellis, 1994；McLaughlin, 1987；Mitchell & Myles, 2004 などの SLA 概論書参照)。言語知識の自動化の過程を説明しようとする「情報処理理論」(information processing theories) および知識の手続き化を説明しようとする「スキル習得理論」(skill acquisition theory) を土台に，第二言語運用能力がどのように学習されるのかを明らかにしようとする立場も同様に認知的アプローチと呼ばれる。[5] これらの理論に共通するのは，言語の習得と他の認知的課題の学習との間にある共通性を重視していることである。主に認知心理学 (cognitive psychology) や心理言語学 (psycholinguistics) の分野で，一般的な学習や記憶のメカニズムについて明らかにされたことを応用して，第二言語習得を説明しようと試みているものが，

---

5) 言語理解などの人間の情報処理を心理言語学を中心とした認知科学に基づいて研究するアプローチも重要な認知的アプローチである（門田, 2002, 2003；竹内, 1999 参照）。

従来，第二言語習得への認知的アプローチと呼ばれるものである。

　このようなアプローチが明らかにしてきたことは数多くあるが，第二言語習得の「周辺的」な事象を研究対象にしていて，第二言語能力の中核となる中間言語システムがどのように生まれるのかという問題には立ち入っていないという批判もある。

　人間の第二言語の複雑さを考えると，第二言語習得への認知的アプローチとは，より広いものであるべきであり，一般問題解決型の学習システムによって説明できる事象だけでなく，中間言語文法はどのようなメカニズムで生まれるのか，言語形式に対する「気づき」は何が引き起こすのか，形式・意味・機能のマッピングはどのようなメカニズムで起きるのかなど，第二言語習得に特有な問題に取り組むものでなければならない。特に，中間言語仮説がどのようなメカニズムによって学習者の中で形成されるのかという問題に関しては，言語学的なアプローチを取り込まずして，調べることは困難であろう。その一方で，第二言語を運用する能力がどのように育ち，言語知識の長期記憶化はどのように促されるのかなどの問題については，認知心理学的アプローチを採る必要がある。[6]第二言語を対人・異文化コミュニケーションにおいて実際に使用する運用能力がどのように育つのかという問いに対しては，さらに社会言語学的な SLA 研究が必要となってくる。このように，少なくとも，言語学，認知心理学，社会言語学などの分野で明らかにされつつあることを併せながら，第二言語習得という極めて複雑で，さまざまな要因が絡まりあっている現象を統合的に見ていく姿勢が求められている。本書においては，第二言語学習をこのような統合的アプローチで見ていきたい。[7]

---

[6]　Towell and Hawkins（1994）は中間言語仮説の生成には普遍文法が作用し，その仮説に基づく言語知識がスキルに変化する際には，情報処理メカニズムが機能することを仮定した統合的な SLA モデルを提案している。

[7]　このような統合的アプローチを「第二言語習得への認知的アプローチ」と呼ぶこともできる。しかし，その場合,「認知的」ということばは,「認知心理学的」という意味ではなく，より広い「認知科学的」というような意味で捉えるべきであろう。

3. 第二言語習得の認知プロセス

　従来の認知的第二言語習得研究では，インプットの気づき，理解，内在化，統合などの認知プロセスが連続することにより，アウトプットが可能になるという情報処理型のモデルが主に使われている（R. Ellis, 1994, 1997a；Gass, 1988, 1997；Gass & Selinker, 2000；Izumi, 2003；Skehan, 1998；Swain & Lapkin, 1995；小柳，2004など参照）。[8]本書では，このような認知プロセスの捉え方を基本的枠組みとし（特にGass, 1997のモデル），そこに，上記のような統合的なアプローチを組み合わせる第二言語習得および第二言語学習のモデルを提案したい（図1-2・次ページ）。

　図1-2は，教室内外で学習者に取り入れられた目標言語のインプットが，気づき，理解，内在化，統合などの認知プロセス（内的変化）を経ることによって，段階的に学習者の言語知識として定着し，最終的にはアウトプットする能力，つまり，第二言語を理解，産出両面で運用する能力がつく過程を示している。

　インプットの一部に学習者の注意が向けられた場合，そのインプットは「気づかれたインプット」（noticed input）になる。「気づき」に続く「理解」のプロセスにおいて，「気づかれたインプット」の言語形式，意味，機能の結びつきが理解された場合，それは「理解されたインプット」（comprehended input）となる。「理解されたインプット」がコミュニケーションを目的とした言語産出に使われるようになると，それは学習者の中間言語システムに取り込まれ始めたことであり，「内在化」のプロセスが進んでいると考えることができる。そのように内在化された言語知識は，「インテイク」（intake）と呼ばれる。次の「統合」のプロセスを経て，「インテイク」が，自動的に運用できる「中間言語知識」（interlanguage knowledge）としてさらにしっかりと学習者の中間言語システムの中に組み込まれると推定される。

　インプットへの接触，取り入れは，学習者の動機や目標言語を話す人々

---

8)　「認知プロセス」とは学習者の内部で起きる変化を意味する（process: a series of natural developments or events that produce gradual change, *Longman Dictionary of Contemporary English*, 3rd ed.）。

への態度，第二言語使用に関わる不安などの情意的な要因に左右されることも図1-2は示している。この他，気づき，理解，内在化は学習者の生得的な言語習得能力および帰納的学習システムに支えられる可能性が高いこと，仮説検証や自動化などの認知プロセスはスキル習得理論で説明できること，第二言語学習者が社会の中で目標言語を使う際に求められる語用的言語知識を習得する能力も学習者には備わっていることを図1-2は概略的に示している。以下では，このような第二言語習得・学習の捉え方に基づいて，第二言語学習および英語指導のあり方を考察してみたい。

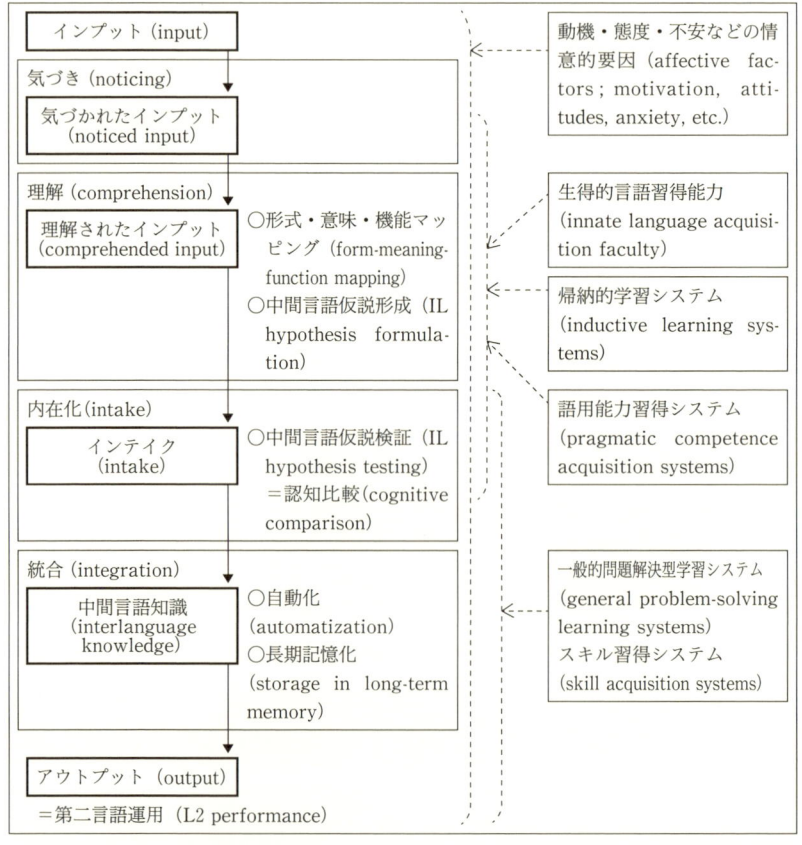

図1-2　第二言語習得の認知プロセス

❷ 第二言語習得における認知プロセス：
統合的アプローチからみた第二言語学習法

本節では，図1-2が示す第二言語習得の認知プロセスを詳しく解説しながら，どのような第二言語学習法が効果的なのかを考えてみたい。

1. 気づき

学習者が自分の耳や目を通して入ってくる言語項目（語彙項目，文法項目，音など）に気づくこと，つまり，注意（attention）を向けることが，第二言語習得の最初のプロセスである（Schmidt, 1990, 1993, 1994, 1995, 2001）。ここで，気づくということは必ずしも何に気づいているか，ことばで表現できるとは限らないことに注意すべきである。はっきりと説明できなくとも，注意が向いて何かを探知（detect）している場合，第二言語習得に重要な気づき（Noticing）が起きているとみなすことができる（Schmidt, 2001 ; Tomlin & Villa, 1994）。

また，学習者の気づきを必要とせずに育つ中間言語文法が存在するという考え方があることにも注目すべきである。普遍文法モデルに基づけば，普遍文法は生得的に学習者の脳の中にあるととらえられており，普遍文法が作用する際のプロセスは無意識のものであると推定されている（Schmidt, 2001）。データ重視のコネクショニズムに基づけば，ネットワークの強化が学習の中心であり，それは自動的・暗示的なプロセスであると考えられている（Schmidt, 2001）。第二言語習得のすべての面において，学習者の気づきが必要であると一面的に考えるのは避けるべきであろう。

このように，「気づき」は第二言語習得の特定の面において重要であるということを確認した上で，以下の例を見てみよう。

　(1) I'm *no' gonna* do it. （＝I am not going to do it.）

この発話の意味を理解できた場合には，それを伝えた言語形式になんらかの形で気づいているということになる。つまり，気づきは次のプロセスである「理解」の必要条件であると考えられる。

気づいてはいるけれど，理解できない状態もある。たとえば，(1)に見ら

れるような not going to の短縮形に慣れていない学習者は，動詞 do 以下は聞き取れても，その前になんと言われたか分からない可能性が高い。分からないけれども，「ナッガナ」という音には気づいているということが多い。「気づき」が起きていて，「理解」が起きていない状態である。

このような理解を伴わない気づきも，言語習得において大切な役割を果たすと考えられている。「気づいてはいたけれど，理解できなかった」言語項目（*no' gonna*）に出会ったという記憶が残った場合，次に出会ったときに，その言語項目に学習者の特別な注意（selective attention）が向く可能性が高くなる。注意を向けられるということは，*no' gonna* が今度は別の状況で使われていることにも注意が向くわけで，異なる2つのコンテクストの助けで，*no' gonna* の意味が理解されることもある。

まったく理解できないインプットを大量に聞いたとしても，このような気づきは起こらない。例えば，英語を始めたばかりの中学1年生にCNNのインタビューを聞かせても，理解ができないばかりでなく，気づきもほとんど起こらないはずである。インプット全体の意味はだいたい分かるが，分からないことも少しある。そのようなインプットが言語習得を促進する気づきを引き起こすと言えよう。

2. 理解

理解（Comprehension）には，インプットとして入ってきた発話の意味（meaning）が理解される意味理解のレベルと，構造的な分析ができるさらに深い理解のレベルがある（Gass, 1997）。この深いレベルの理解とは，「気づかれたインプット」の意味理解に加えて，統語的・音韻的構造が理解できることを意味する。意味を理解するだけでなく，その意味がどのような形式（form）で表されるのかをつかむ深い理解が必要となる。さらに，意味だけではなく，その形式が果たす機能（function）を理解することも大切である。例えば，以下の(2), (3)の「should have 過去分詞」形式は「～すべきだった（のにしなかった）」という意味を伝え，(2)は「批難」，「忠告」などの機能，(3)は「後悔」などの機能を果たす。

(2) You should have come.

(3) I should have reserved a table.

このようにインプットを理解するということは，言語形式と意味のつながりを把握するばかりでなく，どのような機能を果たすのかというところまで理解することを意味する。それは，「形式・意味・機能マッピング」(form-meaning-function mapping) が学習者の中で起きることと言い換えることもできる。このように「気づかれたインプット」が「理解されたインプット」(comprehended input) に変わることが次のプロセス，インテイクの前提条件となると考えられる。

VanPatten (1996, 2003) は，学習者が形式と意味の結びつきを理解（処理）する際には，コミュニケーションをする上でより高い価値 (high communicative value) を持つ形式を優先させる傾向があることを指摘している。三単現の-s よりも，進行相の-ing の方がより先に習得されるのは，後者の方がよりコミュニケーション上の価値が高いからだと説明している。このような価値の低い形式の習得を促すためには，学習者の注意をその形式に向けさせる必要があることを VanPatten は示唆している。[9]

図1-2には，理解に関わる認知プロセスとして中間言語（学習者言語）の「仮説形成」(hypothesis formulation) が加えられている。第二言語学習者が言語形式の意味と機能の結びつきを把握するというのは，ある意味では，仮説形成と考えることができるからである。学習者がインプットに触れることによって，ある言語形式が，どんな意味と機能を持つのかを次第につかんでいくということは，学習者が言語データの中に規則性を見つけ，言語形式・意味・機能の間の関係に関して一種の仮説を立てることを意味する。つまり，ある意味を表す際，および，ある機能を果たす際にはこういう言語形式を使えばいいというマッピングに関する仮説を，学習者はインプット理解を通して育てていくと考えることができる。[10] この過程で生み出された仮説が，学習者の言語知識として定着するためには，次

---

9) 学習者の注意を特定の言語形式に向けさせる指導を「フォーカス・オン・フォーム」と呼ぶ (Long, 1988a, 1991; Doughty & Williams, 1998; 第5章参照)。
10) 中間言語仮説は，このような帰納的なプロセスの他に，母語の知識，言語の普遍的な原理によって生成されることもある (Gass, 1997; Towell & Hawkins, 1994)。仮説形成のメカニズムを解明することは，SLA 研究の課題の1つである。

のインテイクのプロセスを経なければならない。[11]

　上記のことを考慮すると，第二言語習得を促すためには，形式・意味・機能マッピングが促されるインプットを大量に取り入れることが大切であることがわかる。言語形式の学習を目的として書かれた文法書や資格試験対策本などをインプット・ソースとするよりも，内容のあるもの，コンテクストのあるもの，さらに理想的には，本物のコミュニケーションとして生み出されたものをインプット・ソースとして，大量に，かつ，適切に（質的に）取り入れることが求められる。インタラクションの機会も重要である。具体的方法は第2章，第3章，第5章で検討する。

3. 内在化

　「内在化」（Intake）は，句動詞 take in の「（内部に）取り入れる」という意味が示すように，気づかれ，そして理解されたインプットを「学習者内部に取り入れる」ことである。「インテイク」と呼ばれることもある。また気づかれ，そして理解されたインプットそのものをインテイクと呼ぶこともある（VanPatten, 1996）。Gass（1997）は，内在化を「言語項目を同化・吸収するプロセス」および「インプットを文法に変える心的活動」と定義している。本書では，「理解されたインプット」が学習者の中間言語システムに取り込まれるプロセスを「内在化」と呼び，内在化された言語知識そのものを「インテイク」と呼ぶ。

　内在化は，学習者がコミュニケーション上の必要性に迫られて，「理解」のプロセスで学習者の中に生じた中間言語の仮説に基づいて，話したり，書いたりすることによって進められる。これは，中間言語の「仮説検証」（hypothesis testing）と呼ばれる「内在化」の中心的な下位プロセスである。学習者が第二言語でアウトプットすることによって，自分の仮説の正しさを確かめるのは，典型的な仮説検証である。仮説に基づいて行った発話が，相手にうまく理解された場合には，仮説は認証される（hypothesis confirmation）。逆に，発話が伝わらない，誤解された，などという場合

---

11) Gass（1997）のモデルでは，仮説形成はインテイクの下位プロセスとして扱われている。

には，仮説は正しくなかったわけで，仮説を修正したり（hypothesis reformation），棄却したり（hypothesis rejection）することとなる。このような仮説検証のプロセスを踏むことによって，学習者の中に入ってきたインプットが学習内部に取り込まれ，中間言語仮説が生まれ，そしてそれが，言語産出のために用いられる言語知識，つまり，インテイクとなると考えられている。

　仮説検証は，必ずしも教師や対話相手からのフィードバック（feedback）を利用して行われるとは限らない。自分の仮説と目標言語のインプットに含まれる発話が合致しているかどうかを確認することによっても，仮説の正しさを検証することができる。[12] このような仮説検証は「肯定証拠（positive evidence）による仮説検証」と呼ばれ，第二言語習得において重要な役割を果たすと考えられている（Bley-Vroman, 1986；Cook, 1985；Schachter, 1993 など参照）。

　第二言語習得においては，インタラクションおよびアウトプット活動の中で，相手からフィードバックを受けることによって仮説検証は頻繁に引き起こされる。内在化を促すためには，第二言語で本を読み，映画やインタビューをインプットとして取り入れて意味理解を続けるだけではなく，積極的にインタラクションやアウトプットの機会を増やしていく必要がある。具体的な実践例は，第3章および第4章で紹介する。

4. 統合

　インテイクに続くプロセスは統合（Integration）である。これは，学習者内部に育った言語知識が，さらにしっかりと学習者の中に統合される変化である。統合もさまざまな下位プロセスが混じり合った複雑なプロセスであるが，主に，言語知識が長期記憶として貯蔵されること，言語知識が自動的，瞬間的に運用されるようになる「自動化」（automatization）と呼ばれる変化が統合を進める重要なプロセスである（第5章参照）。イン

12）　学習者が自分の中間言語と目標言語を比べることを「認知比較」（cognitive comparison）と呼ぶ。第二言語発達において重要な働きをすることが知られている（第4章参照）。

テイクとして取り込まれても，2,3日たてば記憶から消えてしまうような言語知識では統合されたとは言えない。また，記憶の中に入ってはいるけれど，実際に使用する際に，ゆっくり時間をかけて頭の中でリハーサルしてからでないと使えないというのでは，これも，言語知識がしっかりと統合されたとは言えない。忘れることなく，言語知識が自由に瞬間的に使える長期記憶（long-term memory）として学習者の中間言語システムに組み込まれていくプロセスが統合である。

気づき，理解，インテイクというプロセスを経て，学習者内部に育った中間言語知識（interlanguage knowledge）が，学習者の言語運用をつかさどる中間言語システムの一部となるプロセスが統合である。[13]

この他，学習者の中に育った中間言語の知識が再編成されることも統合の重要なプロセスであり，これは「再構築」（restructuring）と呼ばれている（McLaughlin, 1990）。

統合を促進するためには，実際に目標言語を使用すること，特にアウトプット活動を行うことが極めて重要になる（第4章参照）。話したり，書いたりすることによって，言語項目を自動的に使いこなす能力が伸びると考えられている（de Bot, 1996）。この他，シャドウイングおよびコミュニケーション・タスクなどは，言語知識の自動化を促す上で効果的であることを第2章および第3章で示す。

❸ 第二言語習得の認知プロセスを活性化する英語指導

本節では第二言語の認知プロセスを統合的に活性化するためにはどのような英語指導が効果的なのか，概略的に示してみたい。

1. 内容中心第二言語教授法

図1-2に示した第二言語の認知プロセスを教師が促す上で最も重要な

---

[13] 統合のプロセスで育つ中間言語知識を，R. Ellis（1994, 1997a）は「暗示的知識」（implicit knowledge）と呼び，Gass（1997）は「文法」（Grammar）と呼んでいる。

のは，第二言語指導の中心を言語形式についての指導に置くのではなく，学習者が第二言語を通して意味ある題材内容について理解し，考えを深め，そして内容について英語で表現することを重視することである。このように，言語形式ではなく，意味内容，題材内容に中心を置く第二言語指導は，「内容中心第二言語教授法」(content-based L2 instruction) と呼ばれ，近年，注目されているものである (Brinton, Snow & Wesche, 1989)。これは，内容のある事柄について目標言語で聞くこと，読むことによって自分の知識および考えを深め，内容に関する自分の考えや意見などを目標言語で話したり，書いたりすることを中心とする教授法である。

　言語形式中心から内容中心にシフトすることによって，まず英語学習活動に対する動機（motivation）を高めることができる。例えば，サッカーが大好きな英語学習者に，海外で活躍している日本人選手が英語で話しているインタビューをインプットとして聞かせたとすると，その人が言おうとしていることを聞き取りたい気持ちはぐっと高まると考えられる。英語の学習をするということよりも，内容に引きつけられている状態である。このような状態の方が，気づきや理解が深く，強く促される。英語の授業では言語形式について学ぶことだけが目的ではなく，自分に関わる大切なトピックやおもしろいトピックについて英語で知ることにも主眼が置かれる。このような視点を教師そして生徒が持つことが，内容中心の第二言語学習を進めるための第一歩である。

　内容中心第二言語教育の典型的な形態は，数学や理科，社会，家庭，体育，音楽などの言語以外の教科を，目標言語で教えるというものである。授業の第1の目的は教科内容の学習であり，その媒介言語として目標言語を使うことにより，第二言語能力も伸ばそうとするものである。日本においても，Super English Language High School (SELHi) 指定を受けた高校のいくつかにおいて，実践されている。

2. 教科書を用いた内容中心英語指導法

　数学や理科，社会などを英語で教えるという内容中心教育が日本で実践されているとは言っても，それはやはり特殊な英語指導形態であると言わ

ざるを得ない。日本の英語教育現場では，英語の検定教科書を使用して行う授業が中心的なわけであり，教科書を使った英語指導をどう効果的に行うかを議論することがまず大切であると筆者は考える。

　教科書の題材内容を活かしながら，生徒の関心を高め，教科書の内容を理解し，内容に関する考えを深め，内容について英語で概要をまとめたり，内容に関する自分の考えを表現したりする教科書重視の内容中心授業をより効果的に展開していくことが日本の英語教育に求められているのではないだろうか。

　日本の中学・高校で使用されている検定教科書には，現代に生きる人間が知っておくべき，考えておくべき重要なトピックが数多く含まれている。特に，人権，平和，環境，福祉などの地球規模の課題（global issues）が多く含まれ，中学生，高校生に知的な内容についての理解活動，表現活動を行う機会を与えるものとなっている（第8章参照）。このような題材が扱われている単元では，内容中心の授業を展開することによって，知的な英語運用能力を育てることが可能になる。教師には，自らの知識，経験を活かして生徒たちを内容のある題材に引きつけることが求められる。

3. 内容中心の PCPP 指導

　教科書を用いた内容中心の指導は，提示（presentation）・理解（comprehension）・練習（practice）・産出（production）の PCPP の流れで行うことによって，従来の英語指導法を抜本的に変更せずに行うことが可能である。そしてそれは，以下に示すように，第二言語習得の認知プロセスに効果的に働きかけると予測することができる。

　PCPP は，文法項目の指導手順として古くから広く使われている PPP に C（comprehension）を加えたものである。[14] 文法指導の手順としての PPP の有効性は疑問視されることもあるが（Harmer, 2001），PPP は教科

---

14) 第2章では，読解事前活動（pre-reading activities），読解活動（in-reading activities），および読後活動（post-reading activities）の3つを柱とした指導過程を紹介している。これはリーディング指導を重視したものであり，PCPP は，リーディングに限らず，4技能統合型の第二言語指導の流れを示すことができる，より包括的なものである。

書を中心とした授業の大きな流れを把握する上では，きわめて便利なものと言える。それは，PPP，つまり導入・練習・応用の指導手順が現在日本国内で広く用いられている英語授業の指導過程だからである。内容中心のPCPPを実践することは，コミュニカティブ・アプローチが広まりかけたときのような，大きな方向転換を日本の英語教師に迫るものでは全くなく，ごく一般的な授業にほんの少し手直しをし，いくつかの活動を組み込むことによって，効果的に英語運用能力を伸ばすことをめざすものである。図1-3（次ページ）にPCPPによる典型的な授業の流れの概略を示す。

PCPPによる内容中心英語授業の指導手順をさらに細かく検討してみよう（第2章❸も参照）。

(1) **提示（Presentation）:** 提示においてはpre-reading activitiesと呼ばれる題材内容に関する背景知識を活性化する活動が行われる。最も一般的なのはオーラル・イントロダクション（oral introduction）による題材トピックへの口頭導入である（第2章❸2参照）。この中で新出文法項目および新出語彙項目が帰納的に提示されるのが一般的である。これはまさに，意味中心の言語活動の中で文法形式への「気づき」および「理解」を促す指導であるとみなすことができる（第5章参照）。オーラル・イントロダクションを行う際に決定的に重要なのは，題材内容がいかに生徒につながっているのかを示すことである。第二言語習得の成功を左右する動機を高める点で，オーラル・イントロダクションは大きな意義を持っている。

新出言語項目に焦点をあてた提示は，題材内容に関する提示の後，または前に行われることが多い。文法をコンテクストから切り離して指導した言語構造中心の指導法（Audio-Lingual Methodなど）とは異なり，最近の文法提示では，コンテクストを重視し，言語項目の形式（form），意味（meaning），機能（function）を帰納的に提示することが重要であると指摘されている（本書第3，5章参照）。コンテクスト重視の帰納的文法指導（inductive grammar instruction）もまた，第二言語習得の重要な認知プロセスである「理解」を促すものであると考えられる。

帰納的な学習を促す文法提示の後には，文法・語彙に関する明示的な説明が行われるのが一般的である。第二言語習得研究の分野では，明示的文

> (1) 提示（Presentation）
>   題材内容，トピックへの口頭導入（oral introduction）
>   文法・語彙項目のコンテクストの中での提示
> (2) 理解（Comprehension）
>   リスニング・リーディングによる理解
> (3) 練習（Practice）
>   語彙の発音練習
>   有意味文型練習（meaningful pattern practice）
>   音読（reading aloud）
> (4) 産出（Production）
>   理解度確認
>   トピックに関する産出活動(要約，story retelling, dictogloss [15])，レポート作成活動など）

図Ⅰ-3　内容中心の PCPP 授業の概略

法説明（explicit grammar explanation）を行うことが文法習得を促進するかどうか議論が分かれているが，明示的な文法説明がさまざまな効果を持つことも報告されているため，帰納的学習によって形成された中間言語仮説を教師の明示的説明によって確認することは有効であると言えよう（第5章参照）。

　提示の段階においては，意味地図（semantic map）による語彙の説明を行うことも効果的である（第2章参照）。

(2) **理解（Comprehension）**：　提示に続くのは，教科書の題材内容の理解を中心とした聴解活動および読解活動である。教科書本文の理解を促す指導法に関しては，英語教育学研究，特にリーディング研究において積み重ねられてきた研究成果と授業実践があり，さまざまなことが明らかにされてきている（高梨・卯城，2000；門田・野呂，2001；門田，2002；金谷，1995など参照）。特に最近話題になっている「和訳先渡し授業」においては，和

[15) まとまった文章をメモをとりながら聞き，そのメモをもとに協同的に元の文章を復元する活動であるディクトグロス（dictogloss）は，一般的には初めて聞く文章を用いるが，読解や音読が十分行われた文章に対する読後活動として行うことも効果的である（第4章参照）。

訳の扱いを工夫することによって意味重視の読解を学習者に行わせる多様な指導が試みられており，注目すべき動きである（金谷他, 2004参照）。

　リスニング，リーディングどちらに関しても情報やメッセージを理解する活動を組み込むことが重要である。ざっと概要を読み取るスキミング読み（skimming），必要な情報を検索しながら読むスキャニング読み（scanning），語句のまとまりを意識しながら読むスラッシュ・リーディング（slash reading/phrase-reading），重要な語句をとらえながら読むキー・フレーズ読み（key-phrase reading），理解度確認（comprehension check）などの意味重視の多様な読解活動が行われている（第2章参照）。

(3) **練習（Practice: Pre-Production activities）**：　理解活動に続くのは言語運用能力を高める練習である。意味あるコンテクストの中で文法項目の文型練習（contextualized drill/meaningful pattern practice）を行い，文法の操作能力を高めること，flash cardなどを使って新出語句の発音練習を行い，学習者が音韻的言語化（phonologocal encoding）および調音（articulation）を自動的にできるようにすることなどが，この段階に必要な練習である。この段階の練習は理解活動から産出活動の橋渡し的な役割を果たすものであり，「内在化」や「統合」などの重要な第二言語認知プロセスを促進する活動である。これらの練習を省いて言語運用能力を伸ばすことが困難なことは経験的に知られている。

　テキストの音読（reading aloud）も同様の役割を果たすものであり，リード・アンド・ルック・アップ（read and look up），パラレル・リーディング（parallel reading），シャドウイング（shadowing）などの多様な音読活動を利用することによって第二言語を運用する際に必須な基礎が固められる。

　教師が日本語をフレーズごとに言い，生徒が英文を読む（または閉本で言う）通訳読み（interpreter reading），および英語をフレーズごとに日本語に即座に訳していく「サイトラ」と呼ばれるサイト・トランスレーション（sight translation）などは訳をうまく使った効果的な練習である。[16]

---

16)　通訳読み，サイトラともに言語を逆にして行うことも，もちろん可能である。

これらの活動は，次の段階の産出活動を可能にする上で不可欠であることを認識する必要があろう。

(4)　産出（Production: Post-comprehension activities）：　教科書を用いた内容中心教授法の核となる活動が，PCPP の最後の段階になる産出（production）である。意味ある題材内容について理解した後に，題材内容を自分の英語で再生・要約したり，題材内容について考えたことを学習した事柄を応用して表現したりすることが，主な活動となる。これらの活動は，特に「内在化」と「統合」を促す上で重要である。目標言語による理解度確認（comprehension check：Q & A in English），ストーリー・リテリング（story retelling），プラス・ワン・ダイアログ（plus-one dialogue），要約法（summarizing），ディクトグロス（dictogloss），レポート作成（report writing）や口頭発表（oral presentation）などのプロジェクト型タスク活動は全て，教科書の題材内容に沿って学習者の産出を促す言語活動として効果的である（第4章参照）。コミュニケーション・タスクも「内在化」，「統合」を促進する重要な活動である（第3章参照）。

　上記のような意味中心の提示・理解・練習・産出の流れで授業を展開していくと，それは第二言語習得のさまざまな認知プロセスに働きかけることになると推測することができる。個々の指導技術と第二言語認知プロセスとの関係は，図1-4のように表すことができる。

＊

　第二言語習得の認知プロセスについての理解を深めることによって，どのような指導法および学習法がより効果的なのか，ある程度予測することができる。第二言語学習がうまくいかない場合にも，どの認知プロセスで留まっているのかを診断し，そこから必要な第二言語学習を組み立てる手がかりを得ることができる。

　本章では，第二言語習得の認知プロセスを日本の英語教室で効果的に促すためには，教科書の題材内容を重視しながら，内容中心の PCPP による英語指導を行うことが効果的であることを示した。このような指導によってこそ，生徒が一生使える生きた力としての英語運用能力が育つのでは

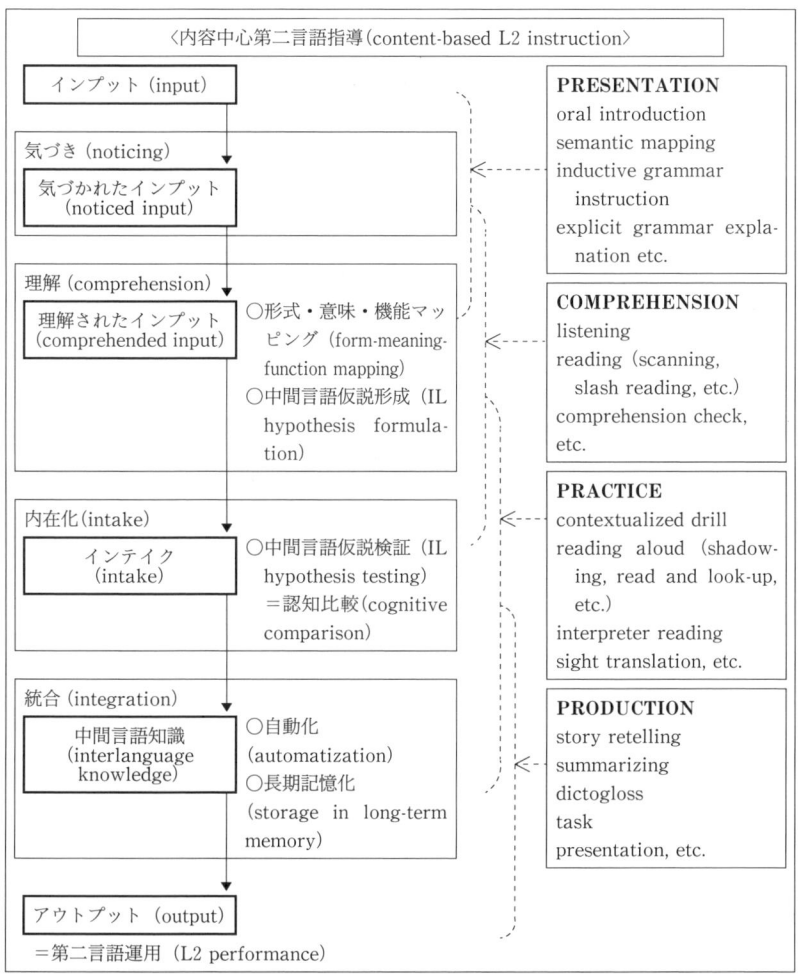

図Ⅰ-4　第二言語習得の認知プロセスとPCPPによる第二言語指導

ないだろうか。

　次章以降，学習者内部の変化を促す英語学習法，英語指導法をさらに具体的に紹介していきたい。

第2章
インプット重視の第二言語学習法・指導法

――どのようなインプットをどのように取り入れればよいのか――

　第二言語を身につける上でその目標言語にできる限り多く触れることが大切であることは言うまでもない。聞き，そして読むことによって目標言語のインプットを自分の中に取り入れることは第二言語習得において必要不可欠である。問題なのは，どのようなインプットをどのように取り入れるのが効果的なのかということである。文字だけのインプットでは，音声インプットを理解するようになるのも，話せるようになるのも難しい。学習用の英語ばかりをインプットとして取り入れていたのでは生の英語が理解できるようにはならないし，かといって理解できない英語をひたすら聞いていても効果的ではない。本章では，第二言語習得を促進する理想的なインプットとはどのようなものなのか，どのように取り入れるのが効果的なのかを考える。

❶　インプットの役割

　第二言語習得研究の成果がインプットに関して明らかにしていることは，第二言語習得には「理解可能なインプット」(comprehensible input) が不可欠であるということである (Krashen, 1982, 1985)。つまり，全体の意味はほぼ理解できるけれども，まだ身につけていない語彙や文法などの言語表現が少し含まれているようなインプットが言語習得を促進すると考えられている。未習の表現が含まれていても前後関係からわかってしまうようなインプットが理想的である。

例えば，筆者は1990〜1992年の間，米国南部のミシシッピ州北部にあるオクスフォードという町に住んでいたときに，次のような表現をたびたび耳にした。

　　We're *fixin'* to leave *soon.*

　初めてこのfixingを耳にしたときには何のことかわからず，「何を直すのだろう」と勘違いしたこともあったが，頻繁に触れるにつれて，be fixing to 動詞が be going to 動詞とほぼ同じ意味を持つことが次第にわかってきた。つまり，多くの例に触れることによって，帰納的にこの「形式」（form）がどのような「意味」（meaning）を表すのかがおぼろげながらわかってきて，一種の仮説のようなもの（be fixin' to ≒ be going to）が次第に頭の中に生まれ，その表現を聞くたびに，自分の仮説の正しさに確信を持てるようになった。このようにコンテクストの中で文法項目を理解することは，言語形式と意味が1つのものとして記憶されるので，非常に効果的である。つまり，be fixing to 動詞という言語形式と「近い未来に動作・行為が行われる」という意味が1つのものとして身につくことになる。さらに，この表現は南部方言であり，大学の講義などのフォーマルな話の中ではほとんど聞かれることはなく，南部の人同士のカジュアルな会話の時にのみ現れるもので，普段は標準英語を話す人がこの表現を使うと，南部英語話者の聞き手に親近感を与えるある種の社会的機能が働くことも，状況の中でこの表現に触れていくにつれてわかってくる。耳や目から入ってくるインプットの形，意味，そして機能の3つが1つのものとして学習者の中に取り込まれた一例である（第7章参照）。[1]

　第二言語習得において，インプットの形式，意味，機能を1つのものとして取り込むためには，どのようにインプットに触れていけばよいであろうか。大人の第二言語（外国語）学習者の場合も，子どもと同じように理

---

1) 筆者は仙台に移り住んでから，「ございん」（いらっしゃい），「文尾の-wa（行ったよわ）」（完了を示す終助詞）などの仙台地域方言を同じ過程で習得した（と思っている）。しかし，「いずい」という形容詞（「なんとも表現できない違和感・不快感があるような状態」を表すらしい）は，11年間この地域に住み続け，この表現を含んだインプットをかなり頻繁に受けつつも，未だにその形式と意味のマッピングができていない。意味の抽象性が極めて高いからだと思われる。

解可能なインプットを大量に取り込みさえすれば十分であると考える研究者（Krashen）や第二言語教育実践家もいるが，大人の場合には，できるだけ多くの理解可能なインプットを取り込むことに加えて，特に形式と意味および機能の関係に学習者の注意を向けるよう工夫が必要であると考える研究者も多い（Larsen-Freeman, 2003；Doughty & Williams, 1998 など）。これは，第二言語習得においては，目標言語項目（身につけようとする語彙や文法など）に学習者が「気づく」（noticing）ことが重要であると考える認知的な第二言語習得観に基づくものである（Schmidt, 1994, 1995, 2001；本書第1章参照）。

　これとは対照的に Krashen（1982, 1985）は，意識的に学習して身につけた言語知識（learned knowledge）と，ほとんど無意識で（subconsciously）自然に身につけた言語知識（acquired knowledge）とを区別して，言語運用に重要なのは後者であって，前者は自分の発話の文法的正確さをチェックするモニター機能しか持たないと主張している。学習者の注意（attention）を意識的に言語項目に向けさせるのはあまり効果がなく，自然な第二言語獲得こそが重要であることを強調し，理解可能なインプットを学習者に与えることを重視した「ナチュラル・アプローチ」（The Natural Approach, Krashen & Terrell, 1983）を提唱している。

　このように意識的な学習と自然な獲得の間に接点がないとする考え方は，「ノン・インターフェイスの立場」（non-interface position）または「否介入主義の立場」（non-interventionist position）と呼ばれている。このような考え方に対する反証は，第二言語を一定レベルまで学習した人ならほとんどの人が挙げられるのはないだろうか。言語運用において流暢に使いこなせる言語項目のうちで，意識的に学習した言語項目がない，または少ないという第二言語使用者はむしろ例外的であろう。そもそも第二言語習得を，「意識的なもの」と「無意識のもの」の2つに分けようとすること自体が，第二言語習得の複雑さを考えると無理なことと言わざるを得ない。これは「意識」（consciousness）という概念が明確に定義されていないことに起因する問題である。身につけようとする「意図」（intention）はないが，その項目を学習者が頭のどこかで探知（detect）して，形式・

意味・機能の結びつきに学習者の「注意」（attention）が向けられることがある（Tomlin & Villa, 1994）。これは Krashen の定義では「自然な獲得」であるが，「無意識の獲得」とは言えず，矛盾が生じる。このようなプロセスで言語項目が習得される場合，それは偶発的学習（incidental learning）と呼ばれており，第二言語習得の重要な学習の1つである（Hulstijn, 2003；第5章参照）。[2] 第二言語習得における「気づき」とは，何に気づいているかことばで明示的に説明できるレベルから，ことばにはならないがそれでも探知しているレベルまでさまざまなレベルがあると考えられる。意図的な気づき，偶発的な気づき，どちらも第二言語習得を促す上で重要な働きをすると考えるのが最も妥当であると言えよう。

　理解可能なインプットをできるだけ大量に受けることを重視し，実践しながらも，ただ聞き流す，読み流すのではなく，言語項目の習得を意図的に促す工夫を織り交ぜていくことが，第二言語習得においては効果的であると筆者は考える。

❷　インプット重視の英語学習法

　本節では，第二言語習得におけるインプットの役割に関してこれまでに明らかにされてきたことに基づきながら，効果的な英語インプットの取り入れ方を紹介したい。

1. 英語インプットの継続的取り入れ

　極めて単純な学習法である。第二言語のインプットをひたすら，継続的に自分の中に取り入れる。単純にして最も重要な学習法である。注意すべきなのは，インプットの量だけではなく，質である。どのようなインプットを取り入れるかという点に関して，以下の4つの条件を考慮する必要がある。

---

[2]　学習者の「意識」，「注意」については，さまざまな再定義が試みられている。Tomlin and Villa (1994), Schmidt (1994, 1995, 2001), Robinson (1996a, 2003) などを参照。

(1) 第二言語習得を促すインプットの条件1：理解可能性

　第二言語学習にとって最も大切なのは，Krashen が「i＋1」（現在のレベルよりほんのちょっと上のレベル）と呼ぶ，理解可能なインプットである。わからない言語項目が含まれてはいるがコンテクストの助けによってそれらの意味も，全体の意味もだいたいわかるようなインプットを大量に，かつ継続的に取り入れることが不可欠である。

　最近では，後述するようにさまざまなインプットが簡単に手に入るようになってきているので，上記のようなインプット・ソースを見つけるのは英語に関してはそれほど難しくはない。しかし，以下の条件(2)～(4)すべてを満たしながら，なおかつ，理解可能なものを見つけるのはなかなか困難である。そこで大切になってくるのが，少々レベルが高いインプットを理解可能なものにする工夫である。例えば，耳で聞くだけでは理解できないインプットでも，一度文字原稿をざっと読んだ後ならばより理解可能になることがある。CNN などのように放送のスクリプトがウェブ・サイトで公開されているような放送では，ニュースやインタビューを録画しておき，一度スクリプトを読んだ後で聞けば，少々難しいものでも理解可能なインプットにすることができる。同様に，日本のテレビニュースの2ヶ国語放送を録画して，内容がよく分かっているものを英語で聞くと理解可能性は断然高まるはずである。理解可能性を自ら高める工夫が求められる。

(2) 第二言語習得を促すインプットの条件2：関連性

　学習者が取り入れるインプットの2つめの条件として重要なのは，インプットの内容が自分の生活，将来，興味・関心に関連がある（relevant）かという点である。つまり，インプットの内容がおもしろいかという単純な条件である。大量のインプットを継続的に取り入れていくためには，内容的に興味の持てるものでないとうまくいかない。興味のない内容の本を通読することが苦痛であるように，おもしろくないインプットに触れ続けるのは快いことではなく長続きするはずがない。日本語で新聞や雑誌を読んだり，テレビを見たりするのと同じように，自分の興味のある内容について情報を得るために第二言語で書かれた記事を読んだり，放送を聴くという活動としてインプットを取り入れていくのが原則である。楽しみのた

めのリスニングと読書 (listening and reading for pleasure)，情報を得るためのリスニングと読書 (listening and reading for information)，この2点がポイントである。[3]

このような原則に従って学習者が第二言語インプットを自ら探し，取り入れていけば，単に学習のために時には苦痛を感じながら英語を読んだり聞いたりする学習者 (learner) の身分から，自分が知りたい情報を得るために英語を理解しようとする英語使用者 (user) の身分へと変身することができる。これは決定的な質的違いであり，「言語中心第二言語学習」(language-centered L2 learning) を「内容中心第二言語学習」(content-based L2 learning) へ変える重要なポイントである。

興味のある分野，または自分がよく知っている分野について外国語で読んだり聞いたりすると，他の分野のものに比べてよく理解できるということは，ある程度その言語を学習した人なら経験したことがあるはずである。これは背景知識によって言語処理（言語理解）が助けられるためであり，語彙や文法などの言語形式についての知識が若干弱くとも，学習者がすでに持っている関連知識によって意味理解が可能になるケースである。この点からも，学習者自身に関連のある内容のインプットを取り入れることは重要となる。

学習者の興味・関心の幅が狭い場合，効果的なインプットの幅もずっと狭くなってしまう。第9章で触れるように，英語力を伸ばすためには世の中のさまざまな事柄についての知識を積極的に増やすことが大変重要である。本も新聞も読まない，テレビはバラエティ番組しか見ない，映画は娯楽系以外苦手。英語を身につけたいと思いながらもこのような状態であるのならば，英語を使って何をしようとしているのか，英語を使って何を伝え，何を知り，どんな人たちと交流したいのか，もう一度じっくりと考え

---

[3] ペーパーバックなどを多読して，英語力を伸ばそうとすることはまさに「楽しみのためのインプット」を取り入れるために理想的であると言える（酒井，2002；酒井・神田，2005；Krashen, 1994）。特に，Graded readers と呼ばれる，使用語彙のレベルによって難易度を段階的に変えてさまざまなトピックのペーパーバックを揃えた洋書のシリーズは，インプットの理解可能性という観点からはたいへん役に立つものである。音声インプットを取り入れることと平行して多読を行うことが必要だと考えられる。

るべきなのではないかと筆者は思う（第9章参照）。

(3) 第二言語習得を促すインプットの条件3：真正性

さらに，言語習得を促進するインプットの性質として「真正性」（authenticity）が挙げられる。これは，インプットが現実の言語使用を目的として書かれたり，話されたりしたものかどうかということである。教材として作られた英語だけで学習した人が，本物の英語を聞いて理解できなかったということは日本人英語学習者の失敗談としてよく報告される。これはある意味で当然のことであると言えよう。なぜなら，教材英語と現実のコミュニケーションで使用される言語には違いがあり，言わば別のタイプの言語だからである。だからこそ，学習する際にできるだけ本物のコミュニケーションのために発せられた英語をインプットすることが大切になる。情報を他者に伝えるために書かれた英語，話された英語をインプットすることが効果的である。

初学者の場合，この第3の条件はある程度ゆるめてもかまわない。初めのうちは語学教材用のインプットを主に取り入れ，次第に生のインプットを増やしていくのが現実的であろう。

(4) 第二言語習得を促すインプットの条件4：音声と文字のインプット

第二言語のインプットは文字だけでなく，音声でも取り入れることが不可欠である。特に，音声として話されたものに文字スクリプトがついているもの，文字で書かれた記事などを読んだ音声がついているものなどが有効である。文字だけで学習した人が音声の理解に苦しむのは当然のことであり，インプットを取り入れる際には，文字インプットと音声インプットをバランスよく十分に取り入れる必要があるのは言うまでもないことである。文字と音声，どちらか一方だけを学習して，両方が理解できるようになると期待するのは非論理的であると考えられるが，日本人英語学習者の場合，音声インプットが不足している人が多いように思われる。

以上のように，第二言語習得を促進するインプットの条件として，理解可能であること，興味の持てる内容であること，本物であること，そして，文字・音声両方のモードで取り入れることの4つが柱となる。この4つの条件をクリアしたインプットをどれだけ集め，継続的に取り入れられるか

が英語学習成功の鍵となると言っても過言ではない。[4]　幸い，インターネットの普及によってこの4つの条件をクリアしたインプットを見つけることは飛躍的に容易になってきている。各新聞社のホームページからは英語版の記事（『週刊ST』は文字と音声両方用意されている）が得られるし，やさしい英語で書かれた *Asahi Weekly* などの新聞記事や *English Zone* などの雑誌も豊富に得ることができる。

　上記の4つの条件を考慮しながら，現在どのようなインプット・ソースが身近にあるのかを本章末に資料1としてまとめた。この表は，もちろん網羅的なものではないし，英語力的にも，大学生，英語教員（志望者）などの中・上級者を対象として選んだものである。資料1に紹介した以外にも，インターネットを用いて多様な英語音声とスクリプトを手に入れることが可能な時代になっている。さらに，NHKラジオ第2放送およびNHK教育テレビの多彩な英会話番組は，英語が真正のものではなく，教材用に開発されたものではあるが，音声インプットのソースとして極めて利用価値の高いものである。英語力が高まるまではこれらの英語教育プログラムの音声を主なインプット・ソースとして利用し，徐々に真正性の高いインプットを多くしていくのが効果的であると思われる。

　この他，DVDの普及により，映画やテレビ番組が入手しやすくなっており，音声，字幕ともに2ヶ国語を切り替えて視聴できるようになったのは，関心の持てるインプットを取り入れる，生のインプットを取り入れるという条件をクリアする上でたいへん楽になったと言えよう。[5]

---

4)　筆者の個人的経験であるが，中・高英語教員であった頃に留学を志し，理解力を上げるために利用して役立ったのは *English Journal*（アルク社）付属のインタビューなどの音声である。自分にとって，上記の4つの条件を満たしているインプットが継続的に得られるのでインプット・ソースとしては極めて有益であり，自転車通勤中の友であった。

5)　映画のスクリプトについては，スクリーン・プレイ出版社から，スクリーン・プレイ・シリーズとして有名な映画の全ての台詞スクリプトおよびト書きに注と訳が付けられて出版されている。映画視聴（日本語字幕）→スクリプト読解→映画視聴（字幕なし）の流れで学習すると，一定の英語力がある人ならば，「好きな映画を字幕なしで見てみたい」という願いがかなえられる。

31

2. 英語学習者としてのインプットの取り入れ方

　目標言語のインプット，特に生のインプットを取り入れる際には，まず意味理解を最優先することが重要である。何よりも内容をつかみ，情報を得るためのコミュニケーション活動としてインプットに接する必要がある。そのような理解活動を可能にするためにはインプットは理解可能でなければならない。少々，わかりにくいところはあっても，話の内容がわかるものを繰り返し，時間の間隔を空けながらインプットとして取り入れていくことが効果的である。以下のような手順でインプットを取り入れるのが効果的だと思われる：

(1)　まず，音声をひと通り聞いてみる。

(2)　理解可能性が低い場合，文字スクリプトをざっと読む（skimming）。

(3)　文字を見ずに音声を聞く。聞き取れない箇所は文字スクリプトで確認し，意味を辞書などで調べる。

(4)　内容がほとんど理解できるようになったら，音声を聞きながら声を出して文字スクリプトを読むパラレル・リーディング（parallel reading），文字を見ずに音声を聞いてその音声に自分の声が影になるようについていくシャドウイング（shadowing）などを行う（本章末「指導効果の検証(1)」を参照）。

(5)　インプットの中で，使えるようになりたい表現（useful expressions）をマークしたり，語句リストを作成したりして，それらの語彙との「関わり」（involvement）を深め，記憶に残すための作業をする（第5章参照）。

(6)　間隔を空けて，同じインプットを繰り返し，聞く。

　このような手順で，先の4つの条件を揃えたインプットを継続的に取り入れていくことが効果的である。

❸ インプットを重視の英語指導法：
内容中心第二言語授業におけるインプット

本節では，英語教師が英語インプットをどのような方法で学習者に与えていくのが効果的か，ティーチャー・トーク，オーラル・イントロダクション，リスニングと音読，そして読後活動に焦点をあてて確認する。

1. ティーチャー・トーク

英語教師が教室内で学習者に理解可能なインプットを与える手段として，最も重要なのは教師が教室で英語を使うことである。教師が学習者に向かって話す目標言語はティーチャー・トーク（teacher talk）と呼ばれ，さまざまな点で言語習得を促進すると考えられている。もっとも大切な点は，ティーチャー・トークは本物の言語使用（authentic language use）だということである。教室で目標言語を使って指示や説明をすることによって，学習者はその言語を聞いて行動することを求められるわけであり，これはまさしく現実の意思伝達活動と言えるものである。つまり，ティーチャー・トークを教師が頻繁に使ってさまざまな教室活動を行えば，学習者は言語使用の当事者（user）となることができるわけである。

もちろん，ただ単に教室で英語を使えばいいわけではない。ティーチャー・トークは学習者にとって理解可能でなければならない。ティーチャー・トークに関する研究からは，教師がどのように自分の発話を学習者にとって理解可能なものにしているかが明らかにされている。話すスピードを調整したり，単純な表現（語彙，文法）を多用したり，繰り返しや言い替えを多く行ったりとさまざまな言語的修正を行っている（Larsen-Freeman & Long, 1991）。

言語習得を促進するティーチャー・トークは，このような修正が適切に行われて学習者に理解されうるものである。さらに，単に理解されるだけでなく，学習者にとってちょっと上のレベルではあるが状況によって理解されうるインプットを与えることも重要である。たとえば，中学生に対して印刷物を配る際に，しばらくは次の(1)のように既習の命令形を使って指

示をした後で，(2)を使って同じ指示を行うことを想定してみよう。
   (1) Please take one and pass them on.
   (2) Would you take one and pass them on?
このような場合，中学生が(2)を理解できず，指示に従えないことはおそらくないはずである。コンテクストの助けでこの仮定法を使った文が表す意味が理解される可能性が高い。そしてこのような表現が何かをしてもらうよう依頼したり，人に何かをさせるよう指示したりするときに使われるのだということが自然に学習者の記憶に残るようになる。この点もティーチャー・トークの非常に重要な役割の1つである。教師が話すことの意味や目的が学習者に伝わりやすい状況の中で話されることが多いので，目標言語で話されたことの意味や機能が明示的な説明をはさまずに学習者に理解される。このような形式・意味・機能の結びつきを言語使用を通して身につけていく暗示的学習がティーチャー・トークによって促進されるのである。[6]

2．オーラル・イントロダクション

  教師が理解可能なインプットを学習者に積極的にかつ体系的に与える指導技術が，オーラル・イントロダクションである。これは，教科書の本文の内容を，教師が目標言語を使って母語を（あまり）介さずに説明していくものであり，写真・絵や図などの視覚補助などを活用して，そのままであれば理解しにくい本文をまさに理解可能なインプットにして学習者に与える指導技術である。ふつうのご飯が食べられない時に，ご飯をお粥にして消化しやすくするような感じで，元の英文を理解可能なインプットにするのがコツである。味噌や梅干で味付けするのと同様に，オーラル・イントロダクションでも，生徒の「食欲」がわくような工夫を加える必要がある。例えば，以下のような教科書本文に関して，以下のようなオーラル・イントロダクションが考えられる。

---

[6] 教室英語の参考書として，高梨他（2004），奥田（1961）はたいへん有益である。また，教師が授業中に英語を自然に使うためのアイデア集として，太田・柳井（2003）は示唆に富む。

第 2 章　インプット重視の第二言語学習法・指導法

〈教科書本文〉

　　　Child labor, which is a serious human rights problem, does not usually gain the attention of people living in developed countries. In many parts of the world child workers are often seen in factories and the streets. Children continue to be forced to work under bad conditions: low pay, long working hours, no health care and improper food or homes. They live without basic rights such as education, proper growth and development.

　　　There are at least 120 million children between 5 and 14 years old who work full-time. Around 250 million work part time. More than 60 percent of these children are found in Asia. Each child's situation is different, but they share some similar difficulties.

（高等学校外国語科用平成14年度版検定教科書 *Genius English Course I*, p. 94）

〈オーラル・イントロダクションの例〉

　　　How many of you play soccer? Raise your hand if you play soccer. [挙手した生徒を指名して] A-san, do you have a soccer ball? [A: Yes, of course.] Do you know how your soccer ball was made? [A: I don't know.] How about B-san? Do you know how your soccer ball was made? [B: I don't know, either.] OK, I want all of you to look at this picture. [東南アジアの子どもたちがサッカーボールを作っている写真を見せて] What are they doing, C-san? [C: They are making soccer balls.] Right. Can you believe this? Soccer balls that you use every day may be made by small children like them. It is said that major sporting goods companies like Nike and Adidas are trying not to use children because these big companies have understood that it is a big problem to use child workers. A-san and B-san, why don't you check your soccer balls? If your ball was made in Pakistan or India, it is possible that it

35

was made by a child. So the topic we are going to study today is connected to your daily life. OK?

　Can you guess why these children must work? Do they work to buy their own things such as books, CDs, clothes and so on? [Ss: No.] Why do they work, D-san? [D: To help their families?] Right. They have to work to support their families. I know some of you work part time to help your families. But all of you are much older than these children. Can you guess how old they are, E-san? [E: Ten?] Yes, I guess these children are about ten years old. This is <u>child labor.</u> What's child labor in Japanese, F-san? [F: 子どもの労働？] Good. You can also call it "児童労働." Child labor is a serious problem. It is a serious <u>human rights problem.</u> Human beings have many rights, "権利." We all have the right to live safely. We all have the right to be free. These are important human rights. So, how do you say "human rights" in Japanese? [G: 人権？] Exactly! I'm sure you all have learned about human rights in social studies or 社会科. Are the child workers in the photo living with these human rights? They usually work under <u>improper</u> or bad conditions. They get low pay, a small amount of money. They work for a very long time. They work in dangerous places. They are hungry. Many of them get sick because of these bad and improper conditions. They live without basic human rights. Do you think they can go to school? [Ss: No.] Do you think they will grow up healthy? [Ss: No.] They live without basic human rights such as <u>education</u>, proper <u>growth</u> and <u>development.</u>

　[以下の表を見せて] This table shows how many children are forced to work now. Many of them are in Asia. In fact, More than 60% of them are found in Asia.

Full time workers	120,000,000 children (5-14 years old)
Part time workers	250,000,000 children (5-14 years old)

Today's story is about such a serious problem. Now let's listen to the story.（CDで本文の音声を流す。）

　＊下線が引かれた語句は，板書または語句カードで提示する。

　第二言語習得理論から見ると，オーラル・イントロダクションは以下の点で効果的であると考えられる：
(1)　**学習者の背景知識を活性化させる。**
　本文に関連する写真，映像，音楽などを用いたり，日常の出来事を本文の内容に結びつける話を教師がすることによって，題材内容に関する学習者の背景知識（content schema と呼ばれる）を活性化することができる。特に，題材内容と自分との関連性（relevance）が示されれば，それが内容をより深く知りたいという内因性の動機を高めることとなり，学習意欲を高めると考えられる。この際，教師が生徒の興味・関心および知識の幅をどの程度理解しているかが重要な鍵となる。
(2)　**理解可能なインプットを学習者に与えることができる。**
　絵や図などの視覚補助を用いることによって学習者の背景知識が活性化され，学習者がすでに知っていることを土台にして，新しい言語項目を理解することが可能になる。上の例では，labor という単語は，写真と文脈から，「労働」という意味が推測しやすくなっている。
　既知の知識やコンテクストの力を借りて，未習の語の意味が分かるということは，教師の与えるインプットが，インプト仮説で重視されている「ｉ＋１」になっていると考えることができる。生徒の現在の知識（ｉ）が何であるかを知っている教師には，何が生徒にとっての「ｉ＋１」になるかが，容易に分かるはずであり，オーラル・イントロダクションを行うことで，理想的なインプットを生徒に与えることができるのである。教師には生徒の英語理解力を適確に判断して話す英語の難易度を調整したり，必要に応じて日本語の補助を加えたりすることが求められる。
(3)　**新出言語項目の形式・意味・機能のつながりを学習者にコンテクストの中で提示することができる。**
　オーラル・イントロダクションでは，全体の話の中に埋め込まれる形で

新出言語項目が提示されるので，新しい言語項目の音や形とその意味が1つのものとして学習者に取り込まれる。例えば，child labor という語句は，human rights や bad working conditions などの語句と一緒に使われるもので，社会的な問題である「児童労働」を意味し，labor には単なる「労働」という意味だけではなく「苦難を伴ったつらく苦しい労働」という意味があることが示される。それ故，「児童労働」の問題点を「描写，説明する」ために使われることが同時に理解される。つまり，形式と意味および機能を分けずに提示することができるのである。語彙や文法を数多く「知って」いながらも，うまく使いこなせないのは，このような形式・意味・機能のつながりをつかんでいないためであり，その問題の解消にもオーラル・イントロダクションは効果的である。

3. リスニングと音読の重視

　日本の中・高英語教育のように検定教科書を使って英語の授業を行うことが求められる場合，教科書をインプットとして活用することがとても大事なこととなる。教科書の題材内容についてオーラル・イントロダクションを行った後に，教科書本文の音声をCDまたは教師の範読（model reading）で聞かせることは，ほとんど例外なく行われていると考えられる。この際，漫然と聞かせるのではなく，聞き取りのポイント（listening points/points for listening comprehension）を明確に示して聞かせるなどの工夫が必要であろう。

　リスニングの後には，学習者が内容を考えながら読解（reading comprehension）を行う機会を設ける必要がある。教科書本文の意味を読み取る活動は，意外と省略される場合が多い。オーラル・イントロダクションを丁寧に行った後であれば，新出語句の意味もある程度は理解されている可能性が高いので，読み取りのポイントの答えを探しながら本文の黙読（silent reading）をする，などのしっかりとした読解活動が必要であると思われる。意味のまとまりごとに鉛筆でスラッシュを入れながら読む，スラッシュ・リーディング（slash reading）もこの段階で効果的である。学習者が意味を確認しながらテキストを読むこのような活動を端折って，

オーラル・イントロダクションと語彙指導を行い，モデル・リーディングからすぐに一斉読み（chorus reading）を行う授業パターンを見ることがあるが，これだと，「情報を求めて読む」（reading for information）というリーディング本来の活動が欠落してしまうことになる。それを避けるため，学習者が意味を読み取る読解活動（特に黙読で）が必須であると思われる。何らかの特定情報を探すように読むスキャニング読み（検索読み）や最も重要な語句を探し当てようとするキー・フレーズ・リーディング（key-phrase reading）などは，スラッシュ・リーディングと並んでこのような目的のために効果的である。

　声を出して本文を読む音読（reading aloud）は，第二言語運用能力を伸ばす上で重要である。音読が，理解（特にリーディング）から産出（特にスピーキング）への橋渡しとなる活動であるということは，よく指摘されることである。第二言語習得理論的に言うと，「言語知識の自動化」（automatization）・「手続き化」（proceduralization）を進める効果があると考えられる（第1章および第5章参照）。

　音読を行う際には，みんなで声を合わせて読む斉読（chorus reading），学習者が自分のペースで読むバズ・リーディング（buzz reading），一人ずつ指名して読ませる個別読み（individual reading），テキストを黙読した後に文字から目を離して音読するリード・アンド・ルック・アップ（read and look up）などの伝統的な読み方の他，多様な音読活動を組み合わせて，単調な活動にならないようにすることが重要である。「目新しさ」（novelty）が欠けた活動は，学習者の脳を刺激しないと考えられている（Schumann, 1998；本書第8章参照）。逆に，音読をしているのに，なにやら自分が実際のコミュニケーションをしているような感じを学習者に与える音読活動は，「心地よさ」，「自分のイメージ（かっこいい）」という動機を左右する要因を高めるものであり，学習者の意欲も学習効果も高まることが期待される。簡単に言うと，眠くならない，ダイナミックな音読が必要であるということである。

　対話文をロール・プレイのようにして行い，現実感を出して音読させるのは，よく行われている活動である。自分の意見を1つ付け加える「プラ

ス・ワン・ダイアログ」(plus-one dialog) は，さらに現実のコミュニケーションに近いものになる。

教師が日本語を意味の固まり単位で言い，生徒はその日本語に該当する箇所を英語で読む「通訳読み」(interpreter reading) は，学習者がやっていることは単なる音読ではあるけれど，通訳がするような言語活動をすることになり，「かっこいい」という気持ちを学習者に与えることができる。本文は見てもいいし，できる人は見ないでやってみるという活動にすれば，それは本当の通訳活動になる。

同様に，サイト・トランスレーション（sight translation），通称サイトラも効果的である。サイトラにはいろいろなやり方があるが，学習者がフレーズごとに英語を日本語に口頭で即座に訳していくのが一般的な方法である。

通訳読みもサイトラも，slash reading の指導をしっかり行った上で行う必要があることは，教師が一度実践してみればすぐに気づくことであろう。

4. 読後活動

リスニング活動とリーディング活動によって英語テキストが深く理解された後には，理解したこと，学習した言語項目（語彙，文法）がしっかりと定着するよう，さまざまな読後活動（post-reading activities）を行う必要がある。地に足の着いた英語運用能力を伸ばすためにもっとも効果的なのは，日常の英語授業の中で教科書を用いて，オーラル・イントロダクションなどの読解事前活動（pre-reading activity）を行い，題材内容をしっかりと理解する読解活動（in-reading activity）を行う。そして，それで終わるのではなく，理解した内容について自分の考えや意見を表現したり，内容を要約する力を育てる読後活動（post-reading activity）を行うことであろう。このような教科書の題材内容を大切にした「内容中心の第二言語授業」によってこそ，「英語が（知的に）使える日本人」を育てることができるのではないだろうか。

このような教科書中心の指導の流れは図 2-1 のように示される。

読後活動として一般的なのが，テキスト内容に関して教師が英語（または日本語）で質問し，学習者が英語で答えるという理解度確認（comprehension check）であろう。テキストに書かれている文章が答えになるような問いを質問するレベルから，題材内容に関する学習者の意見，考えを自由に表現させるところまで，学習者の能力に合わせて教師は学習者の理解度を柔軟に確認することができる。

　本文内容のキーワードを並べ，内容の概念図（concept map）を学習者に作らせることも効果的な読後活動である。これは，意味地図（semantic map）作成を生徒に読後活動として行わせることとなり，特に語彙習得を促す効果的な活動であると考えられる。図2-2は，本章❸-2.で用い

```
┌─────────────────────────────────────────────┐
│           Pre-reading activities:           │
│   oral introduction, semantic mapping, etc. │
└─────────────────────────────────────────────┘
                      ↓
┌─────────────────────────────────────────────┐
│            In-reading activities:           │
│ listening comprehension, reading comprehension, reading aloud (parallel │
│  reading, shadowing, interpreter reading, sight translation, etc.)      │
└─────────────────────────────────────────────┘
                      ↓
┌─────────────────────────────────────────────┐
│           Post-reading activity:            │
│  comprehension check, semantic mapping, summarizing, │
│   story retelling, dictogloss, report writing, etc  │
└─────────────────────────────────────────────┘
```

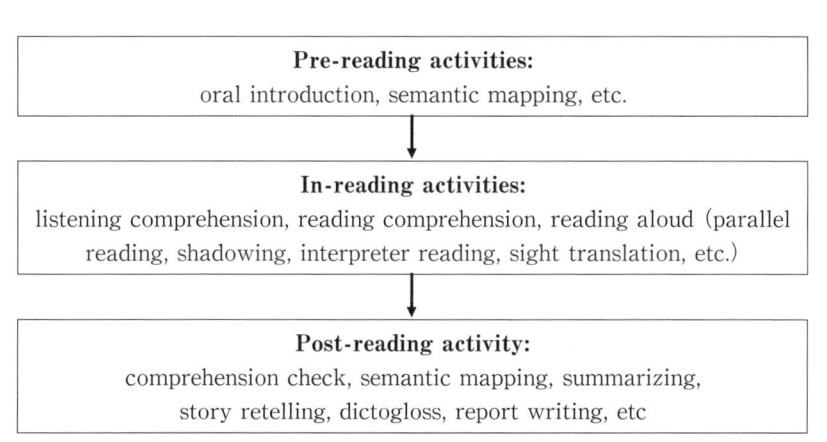

図2-1　教科書を用いた内容中心言語活動

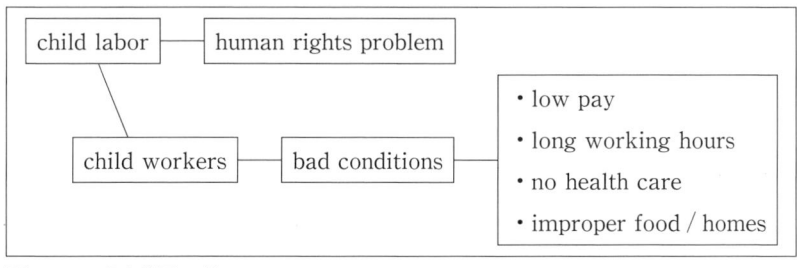

```
┌─────────────┐   ┌──────────────────────┐
│ child labor │───│ human rights problem │
└─────────────┘   └──────────────────────┘
       │                                    ・low pay
┌──────────────┐   ┌────────────────┐      ・long working hours
│ child workers │───│ bad conditions │──── ・no health care
└──────────────┘   └────────────────┘      ・improper food / homes
```

図2-2　意味地図の例

た教科書本文に含まれた語句を使った意味地図の例である。

　この他の読後活動としては，要約法，ストーリー・テリング，ディクトグロスなど，学習者のアウトプットを引き出す上で効果的なものがある。これらは第4章で詳しく紹介する。

＊

　本章では，第二言語を学習する際のインプットの取り入れ方，効果的なインプットの特徴，教師が英語インプットを学習者に与える際の効果的な指導法を紹介した。ありふれた学習法・指導法ではあるが，いずれも学習者がコミュニケーションとしてインプットに接することを促すものである。

　インプットは，植物にとっての光や水と同じぐらい言語習得にとって不可欠なものなのだから，やわらかな太陽の下で日光浴することや，乾いた土壌に暖かい雨が染みこんでいくことをイメージしながら，学習者は第二言語のインプットに触れ続けていくことが重要である。そのようなインプットの量を保障しながら，中身のあるインプット，質のいいインプットを一人の人間として，しっかりと理解しながら，いろいろなことを学び，考えを深めることを重ねることによって，本当に大切なことを聞き取る「耳」を育てたい。このことが，第9章で確認する，異文化間コミュニケーションに必須の技能と知識そして態度を育てることにつながっていく。

■指導効果の検証[1] シャドウイングの効果

　大学2年生53人に映画の一場面の音声をシャドウイングする機会を与え，その後，その中に含まれている言語形式を学習者がより正確に使えるようになったか，「事前・事後テスト法」（pre-, post-test design）を用いて検証した。シャドウイングした文章は以下のものである：

Sam: Listen, damn it! You <u>are going to</u> help me. There's a woman. Her
　　 　　　　　　　　　　　　(1)
　　　name is Molly Jensen and she's <u>in terrible danger</u>. <u>The man who killed
　　　　　　　　　　　　　　　　　　　　　　(2)　　　　　　　　　(3)
　　　me</u> broke into our apartment and he's gonna go back. So <u>you've got</u>
　　　　　　　　　　　　　　　　　　　　　　　　　　　　　　　　　　　(4)
　　　warn her.

Oda Mae: And just <u>what makes you think</u> she's gonna listen to me?
　　　　　　　　　　　　　(5)
　　　（スクリーン・プレイ社, 1995『ゴースト：ニューヨークの幻』p. 44)

　この文章に含まれている下線部(1)〜(5)の文法形式がシャドウイング以前に使えるかどうかを，日本語文を英語に翻訳するテストで測定し，さらにシャドウイングを行った直後と2週間後に同じテストを実施した：(1)[命令・指示の機能を持つ] be going to　(2)熟語 in danger　(3)主格の関係代名詞　(4) have to と同意の（have) got to　(5)疑問詞 what＋使役動詞 make

　シャドウイングの手順は以下の通り：映画の視聴（日本語字幕）→スクリプト読解→リスニング→パラレル・リーディング→シャドウイング（3回）→シャドウイング（映像に合わせて2回）。以上，50分で行われた。

　事前・事後テストの点数を分散分析で分析したところ，2つの事後テストの平均点は事前テストのものより有意に高く，シャドウイングはこれらの項目の習得を促すことがわかった。指導直後の事後テストの方が2週間後の事後テストより点数が高いこともわかった。

　文字による翻訳テストのみを使用しているため，妥当性がそれほど高い実験ではないが，分析結果は，シャドウイングが特定の言語形式の習得に効果的であること，また，その効果はシャドウイングを継続的に行わないと減少する可能性があることを示している。（シャドウイングの効果については，門田・野呂（2001）参照，シャドウイングの実践方法に関しては門田・玉井（2004）が参考になる。）

【資料1：英語学習のためのインプット・ソース】

　以下は英語のインプット・ソースとして活用しやすいもののリストである。網羅的なものではないが，本章で確認したインプットの4つの条件を考慮しながら英語のインプットを取り入れる際に参考にしていただきたい。

レベル	音声インプット・ソース名	真正性（生の真正英語か，教材英語か）と特徴	文字スクリプトの有無
上級	CNNjやBBC World放送（Sky perfectTV）	真正英語	主な放送の文字スクリプト（transcript）がウェブサイトで入手可。
	English Journal（アルク）別冊付録と別売CD	真正英語：インタビュー，スピーチなどを編集している。	スクリプトあり。
中級	『茅ヶ崎方式月刊英語教本』CD版（茅ヶ崎出版）	真正英語：国内外の時事問題を扱っている。	スクリプト冊子とCDは別売。リスニング問題もついている。
	CNN English Express（朝日出版社）	真正英語：CNN放送を編集している。	スクリプトあり。リスニング問題などもついている。
	NHK国際放送 www.nhk.or.jp/english	真正英語：海外向けのNHKニュース。	ウェブサイトでニュース原稿を見ることができる。
	*Japan Times*週刊ST	真正英語：ニュース，社説，オピニオンなど多彩。	ニュース，オピニオンなどを読み上げた音声をウェブサイト上で聞くことができる。語句の解説つき。
	English Zone（中経出版）	教材英語：若者が興味を持つような題材を扱っている。高校卒業程度の英語で書かれ，TOEIC730以上を目指す人を対象にしている。	もともと記事として書かれた文章の一部を読み上げたCDがついている。
初級	*Englink*（中経出版）	教材英語：若者が興味を持つような題材を扱っている。2000語レベルの英語が使用されている。	もともと記事として書かれたものの一部を読み上げた音声CDがついている。

第3章

インタラクション重視の第二言語学習法・指導法

——対話することはなぜ大切なのか——

　長期間に渡って，留学や海外勤務などで目標言語が話されている地域で暮らせば，生きていくためにその言語で日々対話をすることになり，多くの対話を重ねた人は，その結果として，たいがいは対話がうまくできるようになる。[1] つまり，対話によって第二言語能力が伸びると考えられる。しかし，海外の語学学校や国内の英会話学校に定期的に通って対話を重ねる授業をたくさん受けてもそれほど目に見える効果が現れない人が多くいるのも，残念ながら事実である。これは，単に対話の量，対話の頻度の違いなのだろうか。第二言語を使った対話活動がどのような場合に第二言語習得を促すのかを，「インタラクション仮説」（Interaction Hypothesis）に従って考察し，どのような対話をどのように行うことが言語習得にとって効果的なのかを確認する。

❶　インタラクションの役割

　「インタラクション」（interaction）とは，言語を使って，他の対話者と情報のやり取りなどの意思伝達をすることを意味する。相互交流，相互

---

1) 生活していくのに困らない第二言語能力が身につくということであって，長年，対話を続ければ母語話者のようになるということではない。例えば，英語が話される地域に何十年住んでも，その人独自の個人語（idiolect）を話し続ける人もいる。これは目標言語を話す人々のコミュニティに自分をどれだけ同化（acculturation）させたいかという学習者の態度が大きく影響すると考えられている。また，自分のアイデンティティを示すようなアクセント（なまり）を，あえて保とうとする人も多い（第9章参照）。

作用と呼ばれることもある。インタラクションは第二言語習得において，以下のようにさまざまな役割を果たすと考えられている。

1. 相互理解のための意味交渉

　インタラクションの中では，当然のことながら，対話者同士がお互いの意思を伝え合おうとする。自分の意思が相手に伝わっていないと感じられた時には，意思が伝わるように言い換えてみたりする。一方で，相手の言っていることが分からない時には，繰り返しを求めたり，自分が正しく理解しているか確認したりする。このようなお互いが意思の疎通を求めて何らかの努力をすることを，「意味交渉」(negotiation of meaning) と呼ぶ。この意味交渉が，第二言語習得にとって重要な働きをすると考えられている (Gass, 1997, 2003; Long, 1996; Pica, 1994 など)。

　意味交渉においては，相手にもう一度より明確に言ってもらうことを要求する「明確化要求」(clarification request) や，自分の理解が正しいかどうかを確認する「理解度確認」(comprehension check) などのフィードバックを相手に返すことによって，相手が自分の発話（＝アウトプット）を修正することを促し，意味を理解しようとする。たとえば，以下のようなケースである：

話者A： You *shouldn't've* eaten so much ice cream.
話者B： Sorry?　　　　　　　　　　　　　（明確化要求）
話者A： You should not have eaten so much ice cream.
　　　　　　　　　　　　　　　　　　　　（相互交流的修正）

　この例のように，話者B（学習者）が「分からない」というシグナルをフィードバックとして話者Aに返すと，多くの場合には，より分かりやすい方法，例えば，発話スピードを落とす，より易しい表現を使う，などによって発話を修正して伝えたい意味（メッセージ）が相手により伝わりやすくなるように努力する。その結果，聞き手にとって「理解できなかったこと」が，「理解できる」ことに変化し，コミュニケーションが成立する。これは，フリー・マーケットなどで売り手が古着のTシャツを2,000円という価格で売りに出し，買い手が，「それはないよ，もっと安くして

よ」とフィードバックを返し，売り手が「それじゃ，1,800円でどう？」というような「価格の交渉」によく似た行為なのである。「承服できない法外な値段」が「理解できない相手の言っていること」であり，「買ってもいいなあと思える手ごろ価格」が「理解できること」となる。意味交渉も価格交渉もお互いが歩み寄りながら，お互いが共有できるメッセージや価格を求め合う「交渉」であるという点が共通している。[2]

　このように，相互交流の中で行われる意味交渉は，「理解不可能なインプット」を，「理解可能なインプット」（comprehensible input）に変化させてくれる貴重な機会であると考えられる。初期のインタラクション仮説では，この役割が強調され，「意味交渉の結果，理解可能なインプットが学習者に与えられるために，第二言語習得が促進される」と考えられていた（Long, 1983）。しかし，理解が進むだけで習得も進むと考えるのは短絡的であることが指摘され，その後のインタラクション研究では，以下に示すように，意味交渉が第二言語習得の認知プロセスに与えるさまざまな影響に注目が集められている。

2. インタラクションが促す認知プロセス

　現在のインタラクション仮説では，インタラクションは第二言語習得を左右する以下の認知プロセスを促すと推定されている（Gass, 1997, 2003；Long, 1996；Pica, 1994）。

(1) 意味理解（comprehension）

　インタラクションの中で意味交渉が行われた場合，「理解不可能なインプット」が「理解可能なインプット」になり，第二言語習得にとって必要不可欠な意味理解が促進される可能性が高い。

---

[2]　余談ではあるが，買い物をする際に，価格があらかじめ表示されていない，もしくは，極めて高い値段が表示されていて，値段は交渉しながら決めていくのが習慣となっている文化圏は少なくない。このような習慣に対して，面倒くさい，または騙されているようだと，否定的な印象を持ってしまう日本人も多いかもしれない。しかし，見方を変えると，このような習慣は，商売を売り手と買い手がコミュニケーションをしながら，お互いが納得のいく価格を見つけていく極めて人間的なものであると捉えていることから生まれていると考えることもできる（Tannen, 1987）。異文化理解は，多角的に物事を見ることから始まるのを示す好例である。

(2) 形式・意味・機能マッピング（form-meaning-function mapping）

　明確なコンテクストの中で行われたインタラクションにおいては，特定の言語形式（語彙項目・文法項目）に関して，意味交渉が行われた場合，その形式の意味（meaning）および機能（function）が学習者に理解される可能性が高い。

(3) 仮説検証（hypothesis testing）

　意味交渉において学習者が発した発話に対して，聞き手が反応することは全て学習の発話に対するフィードバックとなる。これは，学習者が自分の第二言語規則の正しさを検証（仮説検証）する上で役立つことが多い。

(4) 強制アウトプット（pushed output）の機会

　インタラクションでは当然のことながら学習者にアウトプットする機会が与えられる。一人で行うアウトプット活動と違って，相手に合わせてアウトプットする際には，自分の第二言語能力の欠陥（言えない事柄がある）に気づく可能性が高い。また，意味交渉の中で，自分の発話（アウトプット）の意味がわからないというフィードバックを相手から受けた場合，学習者はもう一度アウトプットすることを求められるような状況に置かれる。そこでもう一度繰り返して言ったり，修正して言ったりすることは自分のアウトプットを見直すことにもなる。このようなアウトプットは「強制アウトプット」と呼ばれ，仮説検証において重要な役割を果たす。

　上記の(3)および(4)は，第4章「アウトプット重視の第二言語学習法・指導法」で詳しく解説するので，ここでは(2)の「形式・意味・機能マッピング」に関してのみ説明を加えたい。

　インタラクションの最大の特徴は，インタラクションそのものがコンテクストになっているということである。誰かと何らかの話題について話すこと，情報交換をすること，質問をすること，質問に答えること，何かを依頼すること・されること，これらは全て典型的なインタラクションのコンテクストである。

　コンテクストが明らかになっているということは，そこで出会う言語形式の意味ばかりではなく，それがどんな機能（function, use「使用」と

も呼ばれる）を果たすのか，どんな状況でどんな目的で使われるのかを学習者が把握しやすいという点で重要である。例えば，先生から生徒が強い口調で，以下のように言われたとすれば，be going to に，「命令」や「強い指示」を表す機能があることに気づく可能性が高い。

Teacher：（数学をあまり勉強していない生徒に向かって）
　　　　You *are going to* study math for three hours tonight.

また，次のようなコンテクストがはっきりとしたインタラクションが行われた場合，学習者は未習の文法項目「should have 過去分詞」の形式・意味・機能のつながりに気づく可能性が高いと考えられる。

Teacher：（レポートに名前を書き忘れた生徒に対して）
　　　　You *should have written* your name on your paper.
Student：Sorry? 　　　　　　　　　　　　　　（明確化要求）
Teacher：（スピードを落として）　　　　　　　（相互交流的修正）
　　　　You *should have written* your name on your paper.
Student：I should what? 　　　　　　　　　　　（明確化要求）
Teacher：You *should have written* your name on your paper. I mean you did not write your name on your paper. You *should have written* your name on it. 　　　（相互交流的修正）
Student：Oh, I see. I am sorry.

これはやや極端な例ではあるが，第二言語学習者が目標言語を使ってインタラクションを行えば，これに近い意味交渉が起こる確率は高いと考えることができる。このようなインタラクションにおいては，学習者が，「自分の非（名前を書き忘れたこと）」を「注意される・非難される」時に，「should have 過去分詞」という言語形式が使われることを，経験的に教わることになる。これは，単に形式と意味をつかむだけでなく，「should have 過去分詞」という形式の機能（「注意する・非難する・アドバイスする」）をもつかむことになる。文法などの言語形式と意味・機能をひとまとめにして習得することの重要性は，第5章でさらに詳しく解説する。

❷ インタラクション重視の英語学習法

　ここでは，上記のような役割を持つインタラクションを英語学習者がどのように実践していくのが効果的か検討する。

1. 継続的インタラクション

　「インプットの継続的取り入れ」が重要であるのと同様に，インタラクションに関わる学習法として最も単純でおそらく最も効果的なのは，目標言語を使ってその言語を使う人と対話を継続的にすることである。英会話のレッスンを継続的に受けることはその典型的な方法の1つである。ここで注意してほしいのは，目標言語の母語話者と対話する機会を，例えば週1回2時間程度持ったからといって，第二言語能力が飛躍的に伸びることはあまり期待できないということである。その言語の学習は週にその2時間だけという状況で，母語話者からレッスンを受けても，その母語話者がよほど素晴らしい語学教師でない限り，効果は薄くて当然である。しかしながら，日々，継続的に目標言語のインプットを浴び，その言語と関わる機会を自ら自分に与えている人が，週1回，母語話者との対話の機会を持つとするならば，それは大きな相乗効果を生む。つまり，日々の学習成果を活かす場として，週に1度の英会話レッスンを利用するのであれば，効果は期待できる。これは言うまでもないことではあるが，週に1，2回の英会話のレッスンを受けるだけで，英語運用能力がつくはずだという幻想を持っている人にときどき出くわすため，あえて確認したい。

　継続的なインタラクションを可能にする留学，特に語学留学に関しても，同様の注意を喚起したい。留学をすればその言語を使う人との対話の機会は国内にいるときよりも圧倒的に増え，第二言語能力は伸びることが期待される。しかしながら，留学の形態によっては，目標言語を話す人とのインタラクションが少なく，自分の母語でのインタラクションの方が多いということも起こりうる。これは日本人が団体で語学留学するような場合に起こりやすく，第二言語を使うのは授業中だけ，というような留学プログラムもありうるので注意が必要である。ただし，筆者はこのようなプログ

ラムに意味がないと言っているわけではない。英語力がまだ十分ではない人には，このようなプログラムの方が向いており，英語学習の内発的動機を飛躍的に高めるなどの効果があると考えられる。

インタラクションの機会が保障される留学とは，目標言語を使うことが必然となる留学であり，目標言語で主に専門科目を勉強し，生活の上でも第二言語を使用せざるを得ない状況になる留学である。英語力，留学の目的，その人の性格などに合わせて，留学の形態を選ぶべきであろう。

2. スタディ・グループ

第二言語でのインタラクションの機会を作る際に，気づいてほしいのは，前節で確認したインタラクションの働きは，母語話者との対話においてのみ作用するのではないという事実である。つまり，日本人同士が，目標言語である英語を使ってインタラクションした場合でも，意味交渉は起きるし，仮説検証などの重要な認知プロセスがインタラクションによって引き起こされるのである。筆者は合計4年10ヶ月間，米国で日本語教師兼大学院生として暮らしたが，通っていた2つの大学・大学院は，留学生がとても多いところであったので，私の周りにいたクラスメート，学生，アパートの隣人，同僚，大学院の先生などの多くは英語の非母語話者であった。彼らとのインタラクションが筆者にとって意味があったのと同様に，英語の非母語話者である日本人同士が英語で対話することにも当然意味があると言えるであろう。特に，英語母語話者とのインタラクションの機会がさまざまな制約でできない場合，「英語の話者」である学習者同士でスタディ・グループを作って継続的に英語でインタラクションする機会を作るのは有効であると思われる。

このようなスタディ・グループでは，なにも準備せずに「さあ，みなさん，対話しましょう」と始めたのでは，コミュニケーションの必要性がないので長続きしないことが多い。さらに，日本人だけで英語を使う場合には，お互いの目（耳）がどうしても気になってしまうので，このようなピア・プレッシャー（peer pressure）を低くするために，何らかの工夫を施す必要がある。以下は，コミュニケーションの必然性を作り，話しやす

い雰囲気をつくるための工夫の例である。

(1) 解決すべき共通課題の設定

　コミュニケーションは，何らかの問題，課題があって，それを解決するために行われることが多い。例えば，「私語が多い」中学校のクラスがあって，その問題をどうすれば克服できるかを考えるため，ホームルームでの話し合い，つまり問題解決のためのコミュニケーションの必要性が生まれる。

　数人のスタディ・グループを設立してなんらかの共通の課題を設定し，定期的に集まって英語で問題解決のための話し合い（インタラクション）をしようというのは，意外と実施しやすいのではないだろうか。例えば，教員採用試験を受けようとしている教職志望者が数人集まって，傾向と対策を英語で検討する。授業改善に悩む教師が集まり，自分の抱える問題を提示し，解決法を参加者全員で議論する。このような問題解決のための集会は，いろいろなところで開かれていると思われる。

(2) 特定トピックについてのプレゼンを中心にした報告会

　コミュニケーションは問題解決だけではなく，もっと単純に情報交換のためにも行われる。地下鉄の駅までの道が分からない人に道順を知っている人が情報を与えるというような形のコミュニケーションである。情報の格差（information gap）が存在するところにコミュニケーションが生まれるという原則である。

　スタディ・グループにおいて，特定のトピックを参加者に割り当てて，それぞれがそのトピックについて調べ，それを他の人たちに伝えるというプレゼンテーションを行い，それをきっかけとして質疑応答を中心としたインタラクションを行うのも，無理なく対話活動を行う１つの方法である。英字新聞の気になった記事の報告でもいいし，英語教育に関して「効果的なスピーキング指導」，「個人差への対応」などと具体的なテーマを決めて，担当者が報告をするという活動は教員試験対策や相互研修にも効果的である。後者の場合，英語教育について包括的に書かれている概論書を利用すると，そこに書かれている情報を要約するだけで「報告」ができ上がるので，それほど重い課題ではなくなる（最大の問題は，どうやってこういう

活動のための時間を作り出すかということであろう）。[3]

　このようなテキストに基づいた報告を行うと，文章に書かれていることを読み取り，自分の第二言語で書き直し，それを自分のことばで誰かに伝えるという情報の転換（transfer）が行われる。文字情報を音声情報に転換するという情報モードの切り替えが行われることになる。これは，電話を受けて聞いたことをメモに取り（音声→文字），メモを元にメッセージを口頭で伝える(文字→音声)というような，日常的なコミュニケーション活動と性格を同じくするものである。上記のような報告会では，この「情報転換の原則」(information-transfer principle) をうまく利用するとコミュニケーションをあまり無理なく展開させることができる。

❸ インタラクション重視の英語指導法

　インタラクションが第二言語習得にとって大切であるならば，第二言語教師は，教室内で学習者が自然にインタラクションできるような環境を積極的に作り出す必要がある。情報交換のためのコミュニケーション，問題解決のためのコミュニケーション，これらのポイントを起点に，どのように教室内にインタラクションの機会を設定するのが効果的か考えてみたい。

1. インフォメーション・ギャップ・タスク

　話者Aと話者Bの間に情報のギャップが生まれ，そのギャップを埋める必要が生じたときに，人はコミュニケーションを図ろうとする。この原理を利用して教室内で学習者に目標言語を使う機会を与えるのがインフォメーション・ギャップ・タスク（information-gap task）である。これはコミュニケーション・タスクの一種で，広く使われているものである。タスクとは作業や課題のことであり，課題を解決するためには学習者が目標言語を使用しなければならない状況を作り，このような問題解決の過程において第二言語の運用能力を伸ばすことをねらう目的で設定され用いられ

---

[3] このような目的のために，筆者が薦めたい英語教育の概説書は Harmer (2001), Shrum and Glisan (2000) Spratt, Pulverness and Williams (2005), および Ur (1996) などである。

るタスクがコミュニケーション・タスクである（Nunan, 2004；白畑他, 1999；村野井・千葉・畑中, 2001）。[4] 以下に具体例を紹介したい。

(1) **画像描写タスク**（picture-description task）

　対話者の片方だけが情報を与えられ，それを目標言語で相手に伝え，情報を受け取った人はその情報を元に絵を描く。例えば，クラスを2つに分け，AグループとBグループにする。状況設定として，Aの人がある物を電車の中に忘れてしまい，困っているとする。Bの人には駅の遺失物取扱所の係員の役をさせる。2人の対話は電話で行われる設定とし，ジェスチャーなどは一切使えないことを指示する。Aグループに図3-1のような写真を見せる。

　この写真を見たAグループの人は，なるべく詳細に自分が失くした物の特徴をBグループの人に伝える。Bグループの人は，まだ遺失物取扱所には届いていないので，今後探すために探し物の絵を描いておくという設定にする。Bの人が描いている絵はAの人は絶対に覗かないという約束をして行う。以下のような対話の出だしを紹介するとやりやすくなる。

図3-1　画像描写タスク用の写真

図3-2　タスク中に描写された画像

Student B : The Lost-and-Found. How can I help you?

Student A : Umm, ... I lost one of my treasures. I don't know where I lost it, but yesterday I traveled by train from New York to Washington D.C. I might have left it in a train.

Student B : What did you lose?

Student A : The thing I lost is a stuffed animal. It is a stuffed bear that...

---

4) タスクを中心とした第二言語指導の効果についてはさまざまな研究が積み重ねられてきている（村野井, 2004b；Bygate, Skehan & Swain, 2001；R.Ellis, 2001；Skehan, 1998参照）

話者Aが伝えたい情報を伝え切り，話者Bが聞きたい情報を聞きとることがタスクのゴールで，それが終わればタスクは終了する。[5]次に役を入れ替え，写真を変えて同じ活動を行う。両者がタスクを行った後で，2枚の写真を見せ，それぞれが描いた絵と写真を比べさせる。この作業は，お互いの間にあった情報の格差がどの程度うまく埋められたのかが一目瞭然に分かるものなので，到達すべき課題が明確な作業であり，かつ，タスクを行った両者にとっておもしろい作業でもある（図3-2はある学習者がこのタスクで描いた絵）。この後，うまく表現できなかった箇所についての質疑応答や，タスク遂行のために役立つ文法項目の確認などを教師が行うのも有効である。上記のタスクの場合には，関係代名詞などの後置修飾表現なしでは，情報を伝えるのが難しいことを強調し，後置修飾表現が，多くのもの（くまのぬいぐるみ）の中からある特別なもの（ピースマークが体中に付いたくまのぬいぐるみ）を特定する機能（specification）を持つことを学習者に伝えることができる。これらの文法的な説明は，タスク開始前に行うこともちろん可能である（本章末「資料2」参照）。

(2) **情報交換タスク**（information-exchange task）

対話者同志がそれぞれに持っている情報を交換して何らかの課題を達成するインフォメーション・ギャップ・タスクである。

例えば，「学校の中における決まり」をトピックとし，4つの国の中学校における校則をリストアップする。生徒4人一組でグループを作らせ，1人ずつ別の国からやってきた交換留学生の役を演ずる。表3-1（次ページ）のように自分が演ずる生徒の属する国の情報だけが書き込まれているシートを配布する。タスクは，1人が留学生，他の3人は日本の中学生になって行い，留学生にその国の学校の決まりを全て教えてあげること，および，その留学生の国では校則がどうなっているのかを尋ねることが求められる。全ての決まりを伝え，留学生が安心して学校生活を送れる状態

---

[5] 効果的なコミュニケーション・タスクの条件として，(1)明確な到達点（goal）があること，(2)現実生活の作業，課題と似ていること，(3)情報交換しないと課題が解決されないこと，(4)タスクの内容が学習者の知的レベルに合っていて，興味・関心をひくものであることなどがある（村野井他，2001；Pica, Kanagy & Faldun, 1993）。

にすることがタスクのゴールである。4人全員が留学生役を演じたら、タスクは終了。終了した後には、日本の校則と比べて、違いについて考えさせることもおもしろい。

表3-1 情報交換タスク用の資料

中学校の中でのきまり	ドイツ	ベネズエラ	韓国	USA
制服は着るか	?	?	yes	?
授業中飲み物を飲んでいいか	?	?	no	?
休み時間飲み物を飲んでいいか	?	?	no	?
ピアスをしていいか	?	?	no	?
化粧をしていいか	?	?	no	?
教科書は家に持って帰るか	?	?	yes	?

このタスクを遂行するには、must, have to, must not, may などの助動詞の使用が不可欠になる。これらの文法項目の運用能力を向上させるためにもこのようなタスクは効果的であると考えられる。

2. 問題解決タスク

インフォメーション・ギャップ・タスクも情報格差を埋めるという点では、一種の問題解決タスク（problem-solving task）であるが、ここでは、より明確な到達点を持った問題解決型のタスクを紹介する。

(1) 方略的インタラクション（strategic interaction）

「方略的インタラクション」は、応用言語学者 Di Pietro（1987）が開発したもので、2つの異なるシナリオを使って解決すべき問題を、現実感を持たせて提示すること、リハーサル（rehearsal：準備）、パフォーマンス（performance：タスク活動）、ディブリーフィング（debriefing：講評）の3つの局面（phase）によって構成されていることなどが特徴である。

例えば右上のような2つのシナリオを作り、解決すべき問題を設定する。

クラスの半分がシナリオA、残り半分がシナリオBを受け取る。それぞれのグループをいくつかの小グループに分け、どのような表現を使って不動産屋に抗議をするか（シナリオA）、または、客の苦情に対応するか

> 【シナリオA（学生）】
> 　先週，一間のアパートを借りました。前の住人がまだ部屋に住んでいたため，部屋を見ることはできませんでした。不動産屋がそのアパートは新しくてきれいだと言っていたので，その部屋に決めました。ところが天井には穴が開いていて，大きなねずみが部屋を駆け巡り，隣はカラオケ屋で毎晩遅くまで騒音が聞こえます。不動産屋に抗議して，もっといい部屋に替えてもらうように言って下さい。

> 【シナリオB（不動産屋）】
> 　客の一人が，最近借りた部屋が気に入らないと文句を言っています。その客に合う部屋は今のところないし，その客が騒いでいる問題も深刻なものではないようなので，その部屋で我慢するようその客を説得するか，何らかの折り合いを付けて下さい。

（シナリオB），グループで相談する。これがリハーサル段階である。この際に，苦情の表現，説得の表現などの機能別の表現を集めたテキストなどを用いて，タスク遂行のために必要な重要表現をそれぞれのグループに与えると効果的である。[6] 次のパフォーマンス段階では，シナリオAを持つ人と，Bを持つ人同士がペアを組み，インタラクションを行う。まずはクラス全体で行う。両者の言い分を言い合った後，何らかの解決策を両者で見つけることがタスクのゴールである。ペアを替えながら2〜3回異なる人とインタラクションをした後，何組かのペアにクラス全員の前で，インタラクションをしてもらう。そのパフォーマンスに対して，教師がコメントをしたり，生徒からの質問に答えたりするのがディブリーフィング段階である。代表ペアのインタラクションを録画してそれを再生しながら講評するのも効果的である。クラスの人数が多くても，グループ活動を取り入れて対応できるのもこのタスクの特徴である。

---

[6] この目的のための機能別表現集としては，Blundel, Higgens & Middlemis (1982), Kirkpatrick (2004), Jones & von Baeyer (1983), 鶴田・ロシター・クルトン (1987) などが使いやすい。

方略的インタラクションはシナリオの作り方次第で，多様なコミュニケーションの状況を作り出すことができるので，現実感のあるインタラクションのコンテクストを作ることができる。また3つの段階を踏むことによって，生徒も教師も落ち着いて，かつ体系的にタスクに取り組むことができ，この点でも利用価値の高いものである。[7]

(2)　問題解決タスク (problem-solving task)

　「問題解決タスク」とはタスクに参加する学習者がそれぞれ異なる情報を持ち，それを持ち寄ることによって何らかの問題が解決される，情報格差原理を生かしたタスクである。典型的なのが，犯人探しであり，例えば4人の容疑者がいて，4人の生徒それぞれが，容疑者一人一人の行動の記録を持っている。刑事または探偵役の生徒がいて，その生徒が，事件発生時刻のアリバイを聞き出しながら，犯人が誰なのかを見つけていくものである（髙島，2000，2005参照）。

　あるいは，生徒数人がグループを作り，全員が悩み相談のカウンセラーとなり，各グループに与えられる悩みに対して，アドバイスを出し合い，最も適切だと思われるアドバイスを話し合いで1つ選ぶというのも問題解決タスクと言えよう（北出, 1987参照）。

(3)　意思決定タスク (decision-making task)

　意思決定タスクは問題解決タスクの一種であるが，参加者全員で意見を出し合って全体の意思を決定するというプロセスが重視されるものである。例えば，ある仕事の求人に4人の志願者がいて，それぞれ異なった能力，経歴を持っている。求人する側の役割をする生徒数名と，志願者数名が面接をしながら，採用者1名を決定するというようなゴールを持つタスクがその例である。

　修学旅行の1日が自由行動になるという設定を与え，1日の旅程表をみんなで相談して完成させるというのも有効な意思決定タスクである。時刻表やパンフレットなどの実物を用意して，本物の旅程表を作るのがよい。話し合いを英語で行うことの必然性は，交換留学生も一緒に行くという設

---

[7]　方略的インタラクションの詳細についてはDi Pietro (1987) およびAlatis (1993), 吉田 (1995) などを参照。

定にして，各グループにいろいろな国籍の学生のペープサート（紙人形）を置いたり，グループの1名を交換留学生役にすると雰囲気が出る。

(4) 開かれたタスク・閉じたタスク（open-end task & closed task）

上記の「悩み相談」および「旅程表作成」などのタスクでは，それぞれどのようなアドバイスが出ても，どのような旅程表ができてもタスクは遂行されたことになる。「アドバイスを与える」，「旅程表を作る」という課題が達成されたからである。ディスカッションなどの意見交換タスク（opinion-exchange task）でもどのような結末になるのかは定められていない。このように，タスクの到達点（goal）に自由度を持たせたタスクは「開かれたタスク」と呼ばれる。これに対し，「犯人探し」などのタスクでは，特定の人物1人を話し合いの結果決定するので，到達点は定められたもの1つしかない。このようなタスクは「閉じたタスク」と呼ばれる。開かれたタスクに比べて閉じたタスクは到達点に到るためにより多くの情報交換を必要とし，より多くの意味交渉が行われる可能性が高い（Crookes & Gass, 1993；窪田, 1994；白畑他, 1999）。開かれたタスクにはその自由度の高さから，自由な発言が導き出されるという長所もある。

(5) 収束タスクと拡散タスク（convergent task & divergent task）

タスクの到達点が1つの場合，そのようなタスクは「収束タスク」とも呼ばれる。参加者全員の意見をまとめなければ課題が解決されないからである。「犯人探し」は典型的な収束タスクである。「旅程表作成」もみんなで話し合って，1つの旅程表を作るという課題に取り組む場合，それは収束タスクになる。一方，「悩み相談」において，1つのアドバイスに収束する（この場合は収束タスク）という条件を外して，参加者それぞれが，独自のアドバイスをできるだけ多く出そうというような課題になった場合，それは意見の集約が必要ではなくなるので，このようなタスクは「拡散タスク」と呼ばれる。ディベートやディスカッションなどの「意見交換タスク」は，学習者が自分の意見をそれぞれに発表したり，相手の主張を批判したりすることが求められるので，拡散的な特徴を持っている。収束タスクの方が意味交渉をより多く生み出す傾向があると指摘されているが，それぞれの特徴を生かして，タスクを用いることが重要であると考えられる

(Crookes & Gass, 1993 ; Duff, 1986 ; 窪田, 1994 ; 白畑他, 1999)。

　この他，さまざまなタスクがあり，具体的な指導例を載せた文献が相当数出版されている。髙島（2000, 2005），和田・Cominos・Betts・石川（1998），北出（1987），Nunan（2004）などは特に参考になる文献である。[8]　タスクについての実証的研究においては，同じタスクを繰り返すこと（task repetition），およびタスクを行う前に事前準備（pretask planning）を行うことによって，タスク中の学習者の第二言語使用がより流暢になり，使用される言語形式がより複雑になることが報告されている（Bygate, 2001 ; Foster & Skehan, 1996 ; Ortega, 1999 ; Skehan, 1998 など）。言語使用の正確性に関しては，繰り返しや事前準備だけでは向上し難いことが知られている。タスクの後に講評（debriefing）などの事後指導を行って正確性を高めることをめざす必要があると言えよう。この他，タスクを行う際には，学習者が語彙や一般的な背景知識に頼って，正確性や複雑性の点からは適切ではない言語形式を使って課題を解決してしまうことがあることに注意しなければならない（Loschky & Bley-Vroman, 1993 ; Skehan, 1998）。この点からもタスクの反復やタスクの前および後の活動が重要になってくる。

＊

　本章ではインタラクションをすることによって第二言語習得はさまざまな点で促進されることを確認し，どのような方法でインタラクションする機会を継続的に得ることができるのかを紹介した。インタラクションとは結局は人と人との対話であり，言語能力を伸ばすという点においてのみ重要なわけではなく，人と人を繋ぐという点において決定的に大切であることを忘れてはいけない（第8章参照）。言語，文化，宗教，価値観の異なる人たちが1つの小さな地球にお互いに関係し合いながら生きているという

---

8) タスク活動を行う際には，文法項目などについての適切な提示（presentation）を行うこと，文法操作能力を高めるための練習（practice），特に意味のある文型練習（meaningful pattern practice）などを十分に行うことが重要である。これらの前提条件を充足しないでタスクを効果的に行うことは難しい（本書第1章，村野井他, 2001 参照）。

この現実を考えると，インタラクション，つまり対話は，私たち人類の共生を可能にするかけがえのない行為であると言えよう。人と関わり合うことを第1の目的としてインタラクションを重ね，その過程で第二言語能力を伸ばすことをめざすべきなのではないだろうか。

■指導効果の検証[2] インタラクション補強法の効果

　本章で紹介した Di Pietro（1987）の方略的インタラクションをベースにして意味重視のタスク活動を行い，インタラクションの中で学習者が文法的な誤りを犯した場合，対話相手である教師が「繰り返しの要求」（request for repetition）や「言い替え」（recast）の形のフィードバックを与え，学習者の注意を言語形式に向けようとする指導が「インタラクション補強法」（interaction enhancement）として開発されている（Muranoi, 1996, 2000）。対話者が文法的誤りに対してフィードバックを返すことは，通常の意味重視のインタラクションでは生じないため，このような意図的なフィードバックでインタラクションを補強するという意味でこの名称が用いられている。インタラクション補強法が第二言語習得，特に文法習得を促すかどうかを検証する実験は，これまでに3件報告されている。(1)アメリカの大学で日本語を外国語として学習するアメリカ人学生を被験者として行ったもの（Muranoi, 1996, 対象言語形式：格助詞「が」），(2)日本人大学生の英語学習者を対象としたもの（Muranoi, 1996, 2000, 対象言語形式：不定冠詞），(3)米国大学における英語学習者を対象としたもの（Fukuya et al., 1998, 対象言語形式：依頼，拒否などの語用能力に基づく言語表現）である。(1)および(2)では，インタラクション補強法による指導が一定期間行われた場合には効果的であること，および暗示的なフィードバックを与えるインタラクション補強法に明示的な形式に関する説明を加えるとより効果的であること，特に，目標言語形式を使う必要のないコンテクストで使ってしまう過剰使用を抑制する効果があることが明らかにされた。(3)の実験では，インタラクション補強法の効果は確認されなかった。インタラクション補強法による指導の長さ，頻度，目標言語形式の性質によって，効果が左右されることが明らかにされている。

【資料2：画像描写タスクにおける日本人英語学習者の意味交渉】

　54ページで紹介した画像描写タスクを行った日本人大学生の発話の中に，どのような意味交渉が見られたか以下に示したい。下線部の箇所が意味交渉が起きていると思われるところである。

Student B： The Lost-and-Found. How can I help you?
Student A： Umm,... I lost one of my treasures. I don't know where I lost it, but yesterday I traveled by train from New York to Washington D. C. I might have left it in a train.
Student B： What did you lose?
Student A： The thing I lost is a stuffed animal. It is a stuffed bear that has a lot of peace marks on it.
Student B： What? (clarification request)
Student A： A lot of peace marks. Um, … a mark like a circle … with some bars.
Student B： Sorry, I can't understand. Could you say it again? (clarification request)
Student A： A mark that is a … um, a symbol of peace.
Student B： Oh, I see. It is a mark that has something like a bird's, um … a bird's foot print in a circle. (confirmation check)
Student A： That's right. The stuffed bear I lost has a lot of the peace marks on it.
Student B： I see. Does it have anything special?
Student A： It has something like a bib.
Student B： What's bib?
Student A： A bib. That's something a small child use, uses, when they eat. You know, it's like a napkin, but it is not paper but cloth. I think you and me used a bib when we were babies.

Student B : Is that *yodarekake*?
Student A : Yes!
Student B : OK. It is wearing a *yodarekake*, bib. Anything else? Oh, can you tell me the color of the bear?
Student A : Sure. It is basically white but it looks colorful.
Student B : <u>What? White but colorful? What's that?</u>
Student A : Oh, sorry. It looks colorful because it has colorful peace marks. And the bib is orange. That's why it looks colorful.
Student B : I see. Anything else?
Student A : I think that's all. Please help me. Find the bear. I miss it.
Student B : All right. I promise I will call you if we find it.
Student A : Thank you very much. Good Bye.
Student B : Good Bye.

*　上記の発話は文法的正確性がある程度高く，コミュニケーション・ストラテジーも効果的に使われているが，その理由として，このタスクが本章❸-1-(1)で紹介された方略的インタラクションの手順（準備⇒実行⇒講評）に従って行われたこと，およびタスクが繰り返されて行われたことが考えられる。具体的には，タスク事前準備（必須表現の提示，補償ストラテジーの紹介を含む）⇒タスク実行（ペア）⇒タスク実行（代表数組がクラス全員の前で行う）⇒講評（代表組のパフォーマンスに教師がフィードバックを与える）⇒タスク実行（2回目，ペア），という流れである。

第4章
アウトプット重視の第二言語学習法・指導法

🍀

——アウトプット活動をすることによって何が育つのか——

　第二言語を使って，話したり，書いたりする能力を育てることが，重要であることは言うまでもない。発信できなければどんなに自分の中身を育てても自己満足になってしまうからである。

　話したり，書いたりする活動が，第二言語習得においてどのような役割を果たすのかを本章では確認する。その上で，どのようなアウトプット活動が効果的なのか具体例を示したい。特に，要約法，ディクトグロスに焦点をあて，アウトプットの機会を学習者に与える活動として紹介する。

❶ アウトプットの役割

　第二言語学習者が話したり，書いたりすることによって，第二言語をアウトプットすることは，第二言語習得のさまざまな認知プロセスを促すことが知られている (Izumi, 2002, 2003 ; Muranoi, 2007 ; Swain, 2005 ; Swain & Lapkin, 1995 他参照)。「アウトプット仮説」(Output Hypothesis) を中心としながら，アウトプット活動が，第二言語習得の認知プロセスをどのように活性化するのか考えてみたい。

1．アウトプット仮説

　第二言語習得におけるアウトプットの役割が注目されるようになったのは，1980年代中頃である。当時，Krashen (1982, 1985) のインプット仮説に基づく「ナチュラル・アプローチ」(Natural Approach, Krashen &

Terrell, 1983）が注目されており，教師の役割は「理解可能なインプット」をできるだけ大量に学習者に与えて，自然な第二言語獲得を推進することであるとKrashenらは主張していた。ナチュラル・アプローチでは，言語習得には必ず「沈黙の時間」（silent period）があるので，早まってアウトプットさせることは禁物であり，アウトプットしなくとも，理解可能なインプットさえ十分に受けていればアウトプットする能力も母語獲得と同じように自然に育つと考えられていた。

このような状況の中，カナダのSwainは，理想的なインプットを毎日何時間も，何年間にも渡って受けているイマージョン・プログラム（immersion programs）の子どもたちの第二言語発達に注目した（Swain 1985；Allen, et al., 1990）。Krashenが言語習得の必要・十分条件だと主張する理解可能なインプットを大量に受けている子どもたちが，特に文法的正確性（文法的性による一致，時制など）および社会言語的能力（ポライトネス表現など）において母語話者のレベルには到達していないことをSwainは実証的に調べ，その理由として，イマージョン・プログラムで学ぶ子どもたちにはアウトプットの機会が不足していると指摘した。相手に理解されうるアウトプット，つまり「理解可能なアウトプット」（comprehensible output）を学習者が産出しようと努力することが第二言語発達のためには重要であるとSwainは結論づけている。

アウトプット仮説によると，第二言語で話したり書いたりすることは，以下の点で重要である（Swain, 1985, 1995, 1998, 2005；de Bot, 1996）。

(1) 自分の第二言語能力の「穴」に気づく

アウトプットしようとすることによって，自分が表現したいことが第二言語でうまく，あるいは，全く表すことができないことに気づくことがある。例えば，「あの時，本当のことを言っておけばよかった」という「過去において実現しなかった仮定」を英語にできなかった場合，自分の言語知識には言わば「穴」（hole）があることに気づくことができる。このような穴に気づくことは人間の学習にとって不可欠なことである。何も行動しなければ，自分には何ができて何ができないのか，気づくことはできない。アウトプットすることによってのみ何ができないのかを認識すること

ができるのである。「穴」があることに気づけば，何がその穴を埋めてくれるのか，調べたり，教師などに尋ねたりすることもできるし，似たような表現（例：I wish you had told me the truth.）に出会ったときに，そのインプットに自分の強い注意，つまり選択的注意（selective attention）が向く可能性が高くなる。

(2) 目標言語と中間言語のギャップに気づく

アウトプットすることによって，自分が現在表現できることと目標言語の正しい表現との間のギャップに気づくことがある。例えば，以下のような対話がなされたと考えてみよう。

　　学習者：*I wish I was more careful.
　　聞き手：Oh, yeah. I wish you had been more careful.

このような場合，学習者は聞き手（この場合，発話者より英語運用能力がより高い英語話者）が言ったことと自分の発話とを比べる可能性が高い。ほぼ同じ意味内容を伝える条件下で，自分の第二言語規則と目標言語の規則が比較されることになる。[1] このような比較を通してギャップに気づくことによって，中間言語（＝学習者言語）文法の修正が促される可能性も高くなる。

語彙習得においては，以下のようなことはよく起きる。

　　（家庭用品売り場で）
　　学習者（客）：　Do you have a kind of soap for cleaning clothes？
　　英語話者（店員）：　You mean "detergent"? Here it is.

学習者の頭の中で，「detergent（目標言語の表現）＝soap for cleaning clothes（自分が言えた表現）」という気づきが起きれば，それは語彙習得を促す重要なプロセスとなる。

(3) 理解可能なアウトプットを産出する

第二言語で伝えようとすることが伝えられないときに，学習者は意味をなんとか伝えようとして，自分のアウトプットを相手に理解されうるもの

---

1) このような比較は「認知比較」（cognitive comparison）と呼ばれ，言語習得の重要なプロセスの1つであると考えられている（Doughty, 2001; Nelsen, 1987）。

にしようと努力する。このように「理解可能なアウトプット」（comprehensible output）を産出しようとする努力が言語能力を発達させると考えられている（Swain, 1985, 1995, 2005；Tarone & Liu, 1995）。自分の持っている言語知識を最大限に活用して，理解可能なアウトプットを生み出そうとすることにより，学習者の中間言語体系が引き伸ばされる（stretching out）のである。特に，対話の中で話し相手が，学習者の発話をうまく引き出してくれることがあり，そのような場合に中間言語の発達が促される。[2] 自分より言語能力の高い人と話しているときに，助けがなければできないことも，できるようになることがあり，このような対話が持つ力を重視する研究者もいる（第5章；Lantolf, 2000, 2005；Ohta, 2001 など参照）。

おぼれそうになって泳ぎ方を覚えるのと同じように，アウトプットして意思をなんとか伝えようとあがくことによって，第二言語能力が引き伸ばされることもありうる。「引き伸ばし」には2つのタイプがあり，1つは，頭のどこかにはあったけれど，あまり使ってこなかった言語知識が，アウトプットしようとする中で活性化されて使えるようになることである。これは，十分に内在化されていなかった言語知識がアウトプットとして使われることによって，より深く内在化されることである。例えば，くやしい，残念という気持ちを相手に伝えたい状況で，「あの時，…しておけばよかった」という以前学習した「過去に事実に対する願望」を表す構文を思い出しながら，以下のような仮定法過去完了の文がひねり出せたとすると，この学習者の中間言語知識が引き伸ばされたと考えてよい。[3]

1) I wish I, I ... said, um, umm, I wish I had said, "I love you."

もう1つの「引き伸ばし」は，自分の持っている言語知識を組み合わせて，自分の中にはなかった文法を学習者が作り出すことである。例えば，

---

[2] 対話の中で，相手の助けによって，学習者のより高い能力が引き出されるためには，学習者の準備（psycholinguistic readiness）が整っていなければならない。詳しくは第5章を参照のこと。
[3] このような，アウトプットの経験は，英語を使って他の英語話者と対話するときだけに得られるわけではない。日記やエッセイを書いたりする際に，読む相手に理解可能なアウトプットを生み出そう（書こう）とすることが必然的に起きる。むしろ，文字によるアウトプット活動の時の方が，自分の中間言語規則と目標言語規則を比較しやすい場合が多い。

以下の2)と3)が示すような現在完了と受動態は運用できるレベルまで習得している学習者が、コンテクスト上の必要に迫られて、4)のような現在完了受動態を、自ら産出したとすると、それは学習者が自分の中間言語文法を引き伸ばしたことになる。

2) A lot of people have joined the project.
3) The project was supported by a lot of people.
4) The project has been supported by a lot of people for many years.

ここで、5)のような、やや不完全な文しか出てこなかったとしても、学習者の中で何か違うのかなという感じさえ生まれれば、それも第二言語習得を促すこととなる。「穴」に気づくことになるからである。

5) The project was supported by a lot of people for many years.

(4) 仮説検証の機会が生まれる

上記の中間言語の引き伸ばしによって生まれる学習者文法は、学習者が自ら立てた仮説（hypothesis）と考えることができる。[4] アウトプットすることによって、学習者が自分の中間言語仮説が正しいのかどうかを確かめることができる。なぜなら、アウトプットすると多くの場合、聞き手（読み手）から何らかの反応が返ってくる。これは一種のフィードバックであって、自分の言おうとしたことがちゃんと伝わったのか、それとも自分の言い方ではだめだったのか、このフィードバックを手がかりに判断することができる。このようなプロセスは「仮説検証」（hypothesis testing）と呼ばれ、第二言語習得においては大きな役割を果たす。

第二言語で何かを言おう、または、書こうとしたときに、その何か（メッセージ）はどのような形（音、綴り、文法、語彙）で表せばよいのか、頭の中でまず処理される。これは「言語コード化」（encoding）と呼ばれるプロセスであり、表す内容によって、学習者は次のいずれかの状況に置かれる。

---

[4] 第1章で触れたように、中間言語仮説は、アウトプットの必要性によってのみ生まれるのではなく、インプット理解の過程において、学習者が言語データに触れることによって学習者内部に自然に生まれることも多い。中間言語の仮説が、どのようなメカニズムによって学習者の内部に生まれるのかという問題は第二言語習得研究におけるもっとも重要な研究課題の1つと言えよう（第5章参照）。

1) 瞬時に意味と形式がつながって，ぱっと適切に言語コード化できる。
2) 意味を表す形式が浮かび，言語コード化したけれど，目標言語の文法とは違っている。
3) こんなふうに言えばいいのかどうか確信はないが，自分が使える形式をそのまま使って言語コード化する。
4) こんなふうに言えばいいのかどうか確信はないが，自分が知っていることに基づいて，今まで使ったことのない新たな文法を作り出す（新たな中間言語文法が生み出される）。
5) 伝えたいメッセージを全く言語化できない。

この中で，1)から4)は，ある特定のメッセージを伝えるためにはこんなふうに言えばいいと学習者が自分なりの仮説を立てているとみなすことができる。特に4)は，自分の中間言語知識を引き伸ばして，新たな文法を作り，それを試すということが学習者の頭の中で起きていると考えられる。これは中間言語仮説が生まれるプロセスであり，「仮説形成」(hypothesis formulation) と呼ばれる。

1)のケースのように最初から仮説が正しい場合，または3)および4)のケースで仮説が結局正しい場合には，コミュニケーションは支障なく続き，仮説は確認される。これを「仮説認証」(hypothesis confirmation) と呼ぶ。

2)，3)および4)に関して，仮説が正しくない場合，相手から，言語コード化に問題があることを気づかせてくれるフィードバックが返ってくることが多い。以下のような場合である。

学習者：(妹に泣かれて困ったことを伝えようとして)
　　　　＊I was cried by my sister.
英語母語話者：Sorry?

日本語に特有な迷惑を表わす受け身（adversative passive）をそのまま英語に持ち込んで使用したため，英語話者に理解されないケースである。[5] このような場合，「泣かれた」はI was criedと受け身で表せるという仮

[5) このように第二言語を使う際に，母語の言語知識をそのまま持ち込むことを「言語転移」(language transfer) と呼ぶ。誤りを引き起こす負の転移（negative transfer）だけでなく，第二言語使用を助ける正の転移（positive transfer）もある。

説を学習者が立てて、それを試し、その不適切さが検証されたことになっている。このようなプロセスが「仮説検証」(hypothesis testing) である。学習者が相手に伝わらなかったことに気づいて、自分の仮説を修正する場合には「仮説修正」(hypothesis modification)、自分の仮説を捨ててしまう場合には「仮説棄却」(hypothesis rejection) のプロセスが続く。

　仮説検証においては、相手からのフィードバックによってのみ仮説が検証されるわけでなく、学習者が自分の発話を、目標言語のモデルに合致しているかどうかを自分で判断して、仮説検証を行うこともある。このような仮説検証は、フィードバックのような「否定証拠」(negative evidence) を使って行う仮説検証ではなく、「肯定証拠」(positive evidence)、つまり、目標言語のインプットをデータとして、目標言語ではこんなふうに言うのだということを把握して行う仮説検証である。[6]

　仮説検証に関わる全てのプロセスは第二言語習得にとって重要な役割を果たすと考えられている (Doughty, 2001; Doughty & Williams, 1998; Izumi, 2003; Gass, 1997; Long, 1996; Muranoi, 2007; Pica, 1994; Swain, 1998)。[7]

(5)　**統語処理・文法意識化が促される**

　Swain (1985) は、アウトプットが学習者の統語処理 (syntactic processing) を促すと指摘している。聞いたり、読んだりする時には、主に名詞や動詞などの内容語 (content word) の意味を中心に言語を処理する意味処理 (semantic processing) が主に行われる。一方、話したり、書いたりする時には、意味処理に加え、語をどのような順番で並べるか、動詞は主語との関係からどのような形にすべきか、時制 (現在・過去) やアスペクト (進行相、完了相) はどのように言語化すべきかなどの文法的な言語処理が求められる。このような統語処理がより効率的にできるようになるには、多読や多聴などのインプット理解を重視した第二言語学習だ

---

[6]　肯定証拠による仮説検証の可能性に関しては、Bley-Vroman (1986)、Cook (1985)、Schachter (1993) などを参照。
[7]　第二言語習得の全ての面に関してフィードバックを利用した仮説検証が働いているわけではない。インプットに触れるだけで言語習得能力が作用し、習得が起きる言語知識も存在する。

けでは，不十分であると考えられている。アウトプットすることによって，学習者が文法規則について意識的に考えるようになること（conscious reflection）も重要であると Swain（1995, 1998）は主張する。

アウトプットによる統語処理の例として，例えば，見知らぬ人に，コンベンション・センターへの行き方を英語でちょっと丁寧に尋ねるときのことを考えてみよう。

1) 　学習者：Excuse me. Could you tell me where ＿＿＿＿＿＿＿？

間接疑問文が完全に習得されていない学習者の場合，語順の処理が自動化されていないことが予想される。Convention Center などの内容語を処理するのと同時に，語順の処理も意識的に行わざるを得ない。「疑問詞 where が文中に来るから Where is the Convention Center ? のままではなく，where の後ろは肯定文の語順になる」と，学習者が頭の中で注意を払って確認した場合，それは意識的な統語処理がなされていると考えられる。"Could you tell me where the Convention Center is ?"のような文を聞いているときの処理は主に意味処理であり，そのときに起きる統語処理と，この文をアウトプットしようとする際の統語処理では，処理の深さおよび質が違うと考えられる。このような文法に関する深い意識的処理が学習者に求められることによって，第二言語運用能力が育つとアウトプット仮説では考えられている。

⑹ **言語知識の自動化が進む**

アウトプットすることによって，いろいろな言語項目を何度も使う機会が増えるわけで，そのために，それらの項目を自動的，瞬間的に使うスキルが育てられる（de Bot, 1996）。アウトプットそのものというよりはアウトプット活動の頻度が自動化を左右すると言えよう（第 5 章参照）。

2.　プロダクション・モデル

アウトプットを重視した第二言語学習を行う際に，参考になるもう 1 つの理論がある。それは Levelt（1989）のプロダクション・モデル（Production Model）である。これは人間が言語を産出および理解する際にどのようなプロセスが関わるのかを示したもので，さまざまな第二言語習得

研究において理論的モデルとして使われている（Bygate, 2001 ; Dörney & Kormos, 1998,; Doughty, 2001 ; Pienemann, 1998,; Towel, Hawkins & Bazergui, 1996 など）。

　プロダクション・モデルでは，話者がメッセージを伝えようとする際，まず，概念が「概念化装置」(conceptualizer) の中で生成され，ことばになっていないメッセージが「形式化装置」(formulater) に送られると考えられている。そこで，メッセージがことばになるわけであるが，それは「文法コード化」(grammatical encoding) と「音韻コード化」(phonological encoding) という2つのプロセスに分けられる。大切な点は，この2つのコード化，つまり言語化のどちらもが，語彙 (lexicon) そのものに含まれるさまざまな情報によって引き起こされると Levelt が指摘している点である。語彙の中には文法的な情報を持ったレーマ (lemma) と音韻的な情報を持ったレクシーム (lexeme) が含まれており，それらの情報がメッセージを言語化する上で決定的な役割を果たす。言語化された情報は「調音化装置」(articulator) へ送られ，最終的に音声発

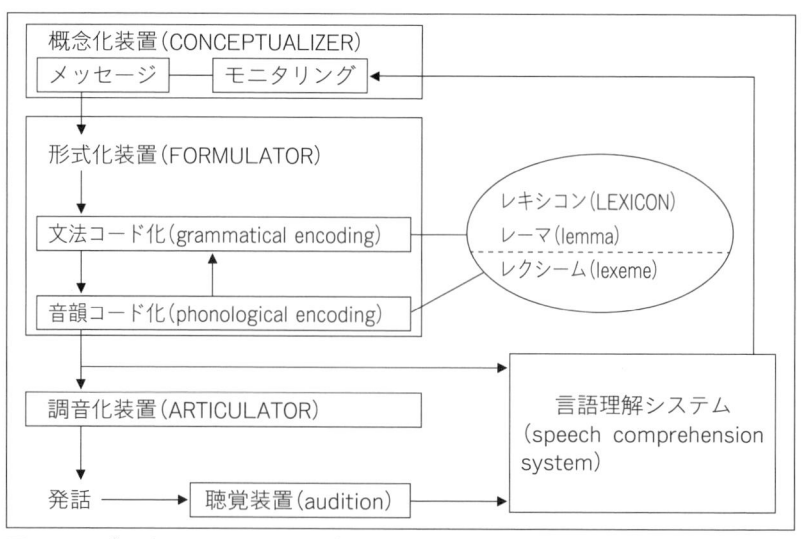

図4-1　プロダクション・モデル（Levelt 1989に基づく略図）

話（overt speech）として産出されアウトプットとなる。この一連の言語処理は図4-1によって概略的に図示される（言語理解システムの部分は簡略化されている）。

　プロダクション・モデルに基づくと，第二言語をアウトプットするには，語彙知識がとても重要であることがわかる。語彙を知る場合に，単に日本語の意味を知るだけではだめで，どんな構文の中で使われるのか，どんな音を持っているのかなど，統語的，音韻的情報も併せて語彙を習得することが大切であることがわかる（第5章参照）。

　プロダクション・モデルは，言語産出においては，メッセージが伝えられる際には，メッセージそのものと語彙が重要な役割を果たすということを示している。以下では，この2つを学習者に与えることによって，第二言語産出を効果的に導き出すアウトプット重視の言語活動を紹介する。

❷ アウトプット重視の英語学習法

　話したり，書いたりするアウトプット活動が重要であることは，前節で明らかにした。ここでは，どのようなアウトプット活動が有効なのか紹介したい。ただ単に，さあ，話しましょう，書いてみましょうというのでは，体系的ではなく長続きはしない。アウトプットを最も自然に引き出すのは，第2章で紹介したコミュニケーション・タスクであろう。本章では，英語を話す相手がいなくても，英語を毎日使うような環境にいなくても，実践可能である要約法と文章復元法の2つのアウトプット活動に焦点を当てる。

1. 自律要約法

　要約法（summarizing）とは，その名が示す通り読んだり，聞いたりした内容を自分の英語で要約する学習法である。新聞やウェブ・サイトの記事を学習者が目標言語で読み，その内容の要約を目標言語で書いたり，話したりする活動である。学習者が一人で行う「自律要約法」（autonomous summarizing）と，教師が学習者の要約を一定の方法でガイドする「誘導要約法」（guided summarizing）がある。

ここでは，一人でできる学習法としての自律要約法の手順を紹介する。この学習法の手順は以下のようにまとめられる。（本章末に実践例を「資料3」として載せる。）

(1) インプット教材の選定

　読解用として英語で書かれたテキストを自分で探す。英語で書かれた新聞記事，ウエブ・サイト記事（週刊STなど）などの文字媒体，またはインタヴュー（*English Journal* など）やニュース（*CNN Express*）などの文字スクリプトのある音声教材が好ましい。テキストを選ぶ際の基準として，理解可能（comprehensible）であること，題材が自分自身に何らかの形で関わり（relevant），興味・関心を持てる内容であること，学習教材でない本物の（authentic）コミュニケーションを意図したものであること，文字と音声の両方があること，の4つの条件を重視する（第2章参照）。

(2) テキスト読解（reading comprehension）

　文章全体の概要を把握する。トピック・センテンスおよび意味上重要な語句を拾うように読む。概要をつかんだ後は，トピック・センテンス，キーワードなどをマーカー等でマークする。さらに，自分にとって発表語彙（productive vocabulary）にする必要がないと判断された語句は，英英辞典を使って平易な語句に直す作業を行う。要約を書く際には，書き直した表現を使用する。

(3) コンセプト・マップ（concept map）の作成

　マークしたトピック・センテンス，キーワードを使って，本文の概要を表すコンセプト・マップを作成する。概要を表す上で重要な意味を持つ語句をフロー・チャートのような形式で並べる（本章末「資料3」参照）。

(4) 要約（summarizing）（第1回目）

　コンセプト・マップのみを見ながら，要約を英語で書く。本文の3分の1程度の量にすることを目安とする。

(5) 推敲（revising）

　自分が書いた要約の中で，うまく表現できなかった箇所を中心に自分の表現と元のテキストにある表現を比較し，要約を推敲する。推敲は色ペン

で行う（資料3参照）。
(6) 要約（第2回目）
　コンセプト・マップを使い，要約を再度行う。自分の感想・意見などを中心としたコメントも英語で付け加える。コメントを書く際には本文の語句をできるだけ利用するようにする。口頭で行ってもよい。

　このように，要約法は意味のあるストーリーを理解し，そのストーリーの内容に関する産出活動を行う典型的な内容中心第二言語学習である。参加者に，要約法の第1の目的は自分が知っておくべき内容（content）について学ぶことであり，英語学習は副次的であると思わせることが，この活動を効果的に行う1つのポイントである。

　自律要約法においては，教材の選定および要約の頻度はすべて学習者が決定することになる。学習者本人が教材を選び，学習時間および学習の頻度を決めるため，学習における「自己決定性」（self-determination）の度合を高める可能性が高まることは重要な点である。自己決定性は，「有能さ」（competence），「関係性」（relatedness）と共に内発的動機（intrinsic motivation）の重要な下位要素となっている（第6章参照）。自律要約法は，学習者自身がさまざまな局面で選択・決定を行うようになっているため，自己決定性の度合を高める特徴を持っていると言える。有能さについては，教材として学習教材ではない英字新聞などを使い，それについて要約を書くという作業自体が，英語学習者（learner）を英語使用者（user）ならしめるものであり，自分の「有能さ」を感じることのできるものであることから，有用さを実感する機会になりうると言えよう。関係性については，他の学習者と教材の共有，情報の交換などの協同的作業を加えれば，他者との関係性が高まり学習課題に対する意欲が高まると考えられる。[8]

2. ディクトグロス

　ディクトグロス（dictogloss）と呼ばれる文章復元法もテキストの題材

[8) 自律要約法の効果についての実証的研究結果は本章末「指導効果の検証［3］」参照。

内容を重視した読後活動（post-reading activity）であり，アウトプット活動を促す有効な学習法である。ディクトグロスは，「比較的短く，内容の濃い（short & dense）まとまった文章を，教師が普通のスピードで数回読み，学習者はメモを取りながら聞く。聞き取ったことを基に，ペアまたはグループで協力してテキストを復元していく活動」と定義することができる（Kowal & Swain, 1994；Swain, 1998）。

手順は以下の通り：
(1) まとまった文章を聞く。文章は<u>未習または既習</u>のもの。9)
(2) 学習者はメモを取りながら聞く。
(3) ペアまたはグループで，お互いのメモを持ち寄り，元のテキストをなるべく正確に復元する。この際の話し合いは，目標言語または母語で行う。
(4) 復元したテキストと元のテキストをつき合わせ，確認，修正を行う。
(5) 必要に応じ，教師は文法項目に関する明示的説明を加える。

このようにディクトグロスは，テキストを読んだ後の読後活動として行うことも可能であり，全く初めて聞く文章を聞き取り，内容を復元するリスニング重視型の活動として利用することも可能である（第2章参照）。

以下に例として，読後活動として行ったディクトグロスにおいて，(1)読み上げられた文章と，(2)大学生英語学習者が取ったメモ，および(3)復元した文章の一部を挙げる。

(1) **読み上げられた文章**

The Japanese Education ministry approved a series of new history textbook, which whitewashes Japan's militaristic past. The book ignited outrage among other countries such as China and S. Korea. （以下略）

（『週刊ST』2005年4月15日）

---

9) Swain (1998)らが提唱している dictogloss はほとんど全て，初めて聞く文章を用いるものであるが，既習の文章を用いて読後活動（post-reading activity）として行うことも効果的であると筆者は考える。

(2) 学習者が取ったメモ

> The J's educational Ministris approved the contraversial [tra] new series of school textbook April 5, the clitics whitewashes nation's Ministric past, Some of Japan's World War II era victims. ignore Such as china and South korea.

(3) 学習者が共同作業で復元した文章

> The Japanese Educational Ministry approved the a contraversial new series of school textbooks April 5, that the clitics say whitewashes the nation's militaristic past, igniting immediate outrage among some of Japan's World War II era victims, such as China and South korea.

　学生の添削の痕跡を見ると，自分が書いたものと，本来書くべきであったことが並べられており，一定の認知比較が起きたことを示している。このように，ディクトグロスは学習者の統語処理および文法の意識化，中間言語と目標言語の認知比較を促す点で，極めて有効なアウトプット活動であると言えよう。[10] 他の学習者と力を合わせて行う協同学習（collaborative learning）であることから，内発的動機の柱である「関係性」を高める効果があると予測できる。

---

10) Yamamoto (2005) は，英語を学習する日本人大学生を被験者として，ディクトグロスが使役動詞の習得を促すかどうかを事前・事後テスト法によって調査した。ディクトグロスに対象文法項目についての明示的説明を加えた指導は，使役動詞の習得を促す上で効果的であったが，ディクトグロスだけの指導は効果的でなかったことが報告されている。ディクトグロスと明示的文法指導を融合させることの重要性を示唆している。

❸ アウトプット重視の英語指導法

1. 誘導要約法

誘導要約法（guided summarizing）は，自律要約法とほぼ同じ手順で行われるが，こちらは教師がテキストの概要を表したコンセプト・マップ（concept map/semantic map）を作成して，学習者にどのような要約を書かせるか，ある程度誘導するものである。リーディングを中心とした授業の一環として行う読後活動として効果的であり，手順は以下のようにまとめられる：

(1) **インプット教材の選定**

検定教科書を用いて行う場合には，単元の中でも特に自分の生徒にその内容について自分の意見を発表できるようになってもらいたいような題材を扱っているレッスンにおいて行う。要約法のような時間のかかる読後活動を検定教科書の単元すべてに関して行うのは，時間の制約上ほぼ不可能であろう。環境問題，平和と紛争，人権問題，福祉，自文化理解，異文化理解など，最近の教科書はこれからの多文化社会で英語を使って生きていく人間にとって知っておくべき題材を幅広く扱っている。生徒の知識を広め，価値観を揺さぶるような題材を扱う際には，理解して終わるのではなく，その題材に関してアウトプットできるところまで持って行きたい。[11] そのような場合に，読み取った内容を自分の英語で要約し，自分の考えを英語で付け加えることができるようなレベルまで持っていくのが誘導要約法である。教科書ではなく，英語で書かれた新聞記事，ウェブサイト記事などを「投げ込み教材」として用いて要約活動を行うのも効果的であろう。

(2) **オーラル・イントロダクションによる題材内容への導入**

特に教科書を使う際には，題材内容に関して教師が平易な英語で内容を

---

[11] 文部科学省（1999）『中学校学習指導要領解説―外国語編―』では，教材選定の観点として，先入観や固定観念を取り除く，文化の多様性や価値の多様性に気づく，異文化を受容する態度を育てる，世界の国々の相互依存関係を正しく認識させる，世界の中の日本人であることを意識させる，国際協調の精神を養う，の6つの観点が明示されている。これを反映して，現在の中学・高校の英語教科書には多彩な題材が取り上げられているため，国際理解教育において重視されているトピックを中身とした内容中心の英語授業を展開することが可能である。

紹介するオーラル・イントロダクションを行うことが必要である。オーラル・イントロダクションは第2章で確認したとおり，さまざまな点で第二言語習得の認知プロセスに働きかけることが知られているが，それらの効果に加え，要約法を行う際には，教師のオーラル・イントロダクションが，生徒の要約のモデルになるという重要な役割を果たす。

(3) 内容理解

テキスト本文のリスニングによる理解，リーディングによる理解を促す。スキミング読み，スキャニング読み，スラッシュ・リーディングなどさまざまな読解活動を行って，文章全体の内容を深く理解させる（第2章参照）。

(4) 音読

理解活動から産出活動への橋渡し的な働きをする音読指導を行う。テキスト内容を文字だけでなく口頭でも要約し，それに関して自分の意見を書いたり，話したりできるようにするためには，本文の音読は不可欠な練習になると考えられる。単調な音読になることを避けるため，多彩な音読活動を組み合わせることが重要（第2章参照）。

(5) 要約のための読み

要約のためにトピック・センテンスおよび内容を伝える上で重要な語句を拾うように読むことを促す。トピック・センテンス，キーワードなどをマーカー等でマークさせるなど，言語項目と学習者の関わり（involvement）を深める具体的な作業に取り組ませる。さらに，意味上重要であっても自分では産出できるようにならなくてもいいと判断される語彙は，学習用英英辞典を使って平易な語句に直すよう指導する。要約を書く際には，書き直した表現を使用するよう指導する。自分がアウトプットで運用できる発表語彙（productive vocabulary）にするものと，理解できればいい受容語彙（receptive vocabulary）の区別をつけさせることになるが，難しい語彙を簡単な英語で説明する力を養う練習になる作業である。[12] 難解な語彙を英英辞典を使って平易な英語に書き換える作業は，それ自体が語彙と学習者の関わりを深める作業となる。

---

12) 言いたいことが言えない場合，自分の持っている言語知識を活用して何とか意思を伝える補償ストラテジー（compensatory strategies）を育てる活動である（第6章参照）。

⑹　コンセプト・マップの作成

　内容上重要な語句をフロー・チャートのような形式で並べたコンセプト・マップを教師が作成し，生徒に配布する。このコンセプト・マップによって，要約で取り上げるべき項目を指定し，要約の書き方を誘導することができる。さらに，キーワードの選び方，並べ方を工夫することによって，特定の文法形式を生徒が使用するように仕向けることができ，内容重視の言語活動の中に文法に焦点を当てさせるフォーカス・オン・フォームの性格を持たせることが可能となる（第5章参照）。教師の作ったコンセプト・マップと生徒がマークしたトピック・センテンス，キーワードを比較させ，生徒なりのコンセプト・マップに修正させることも有効である。自律要約法のように，コンセプト・マップの作成を生徒に任せることも状況によっては効果的である。

⑺　要約（summarizing）（第1回目）

　コンセプト・マップのみを見ながら，要約を英語で書く。本文の3分の1程度の量にすることを目安とする。

⑻　推敲（revising）

　自分が書いた要約の中でうまく表現できなかった箇所を中心に，自分の表現と元のテキストにある表現を比較し，要約を推敲する。推敲は色ペンで行う。推敲された要約を教師が添削することが望ましい。

⑼　要約（第2回目）

　コンセプト・マップを使い，要約を再度行う。自分の感想・意見などを中心としたコメントも英語で付け加える。コメントを書く際には本文の語句をできるだけ利用するようにする。

⑽　口頭発表

　コンセプト・マップの内容を，PowerPoint または板書などで提示し，それを見ながら，生徒に要約を口頭発表させる。plus-one dialogue と同じように，自分の意見，感想を加えさせる（i.e., plus-one summary）。

　以下に，例として，(1)誘導要約法で使われた要約用のテキスト本文（一部），(2)コンセプト・マップ，(3)学習者が行った口頭での要約のトランスクリプトを挙げる（1回目と2回目の間にはテキスト本文を見て，う

まく言えなかったところを確認する作業を行っている）。

1) 誘導要約法で使われた要約用のテキスト本文（一部）

More than <u>100 million landmines</u> are reportedly <u>buried in the ground</u> around the world. Even though they were <u>set</u> during a time of <u>war</u>, they still <u>remain</u> even after <u>peace</u> has been declared. After the war, <u>people</u> come back to their <u>homes</u>. They and their <u>innocent children</u> become the <u>victims</u> of these landmines, <u>the number</u> of which is still <u>increasing</u>.

（Asakawa, K. et al., 2002, *Taking Action on Global Issues*, p. 64, 三修社）
＊下線部はコンセプト・マップに用いる語句。

2) コンセプト・マップの例（一部）

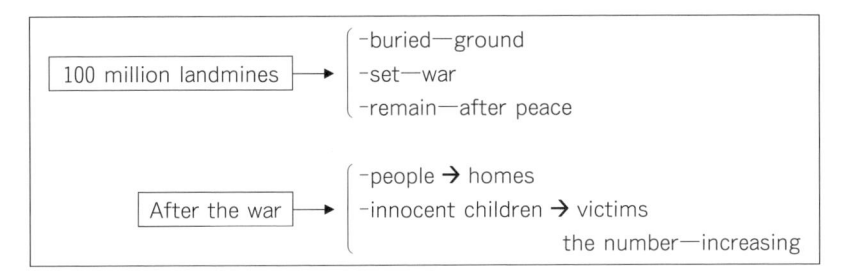

```
100 million landmines ─→ ┌ -buried—ground
                         │ -set—war
                         └ -remain—after peace

After the war ─→ ┌ -people → homes
                 │ -innocent children → victims
                 └          the number—increasing
```

3) 学生が口頭で行った要約の例（一部）

■ Oral summarizing （1回目）

More than 100 million landmines were buried in the ground around all ... over ... all around the world. ...... These are buried during the war but they ... there are many many landmines is .... umm, ... they are buried in the ground ...... but they are buried during the war... How......

■ Oral summarizing （2回目）

More than 100 million landmines are reportedly buried in the ground around the world. And even though they were set during a time of war. And after the war, they still remain and peace has been declared. After the war, people come back to their homes. They and their innocent children are the victims of these landmines. And many landmines is still increasing.

2. ストーリー・リテリング

　これも学習者のアウトプットを自然な形で引き出す効果的な読後活動である。ストーリー・リテリング（story retelling）に関しては，指導手順を紹介した文献（小菅・小菅1995 など）や語学教育研究所監修の実践ビデオ・DVDが多数出版されているので，本節ではその概略のみを紹介する。[13]

　ストーリー・リテリングは以下の手順で行われるのが，一般的である。

(1)　提示（Presentation）

　オーラル・イントロダクションによる導入を行う。絵や写真，単語カードなどを，ストーリー・リテリングを生徒に後で行わせることを念頭において準備する。黒板にキーワードや視覚補助を使ってコンセプト・マップを提示するような感じで行うのが効果的である。

(2)　理解活動（Comprehension）

　さまざまなリスニング，リーディング活動を行って題材内容の深い理解を促す。読後活動に充てる時間を稼ぐため，和訳プリントの配布（先渡しも含む）なども考慮する。

(3)　練習（Practice）

　文型練習，単語発音練習なども含め，音読練習を中心として，理解したことを表現できるようにする橋渡し的練習を行う。ここを端折ると，次の産出活動は難しい。

(4)　産出活動（Production）：ストーリー・リテリング

　教師が導入で使った視覚補助（絵，写真，地図）および意味的に重要な語句を補助として生徒に提示する。黒板に提示するのが一般的であるが，

---

13)　語学教育研究所（監）『The Making of English Lessons: Story retelling の指導〈高等学校〉授業者　山本良一教諭』，『英語授業の実践指導事例集 Part 1 田口徹先生の授業（1＆2）中学校編』，『英語授業の実践指導事例集 Part 1 小菅敦子先生の授業（1＆2）中学校編』（全てジャパンライム社）などで story retelling の実演をDVDまたはビデオで見ることができる。

プリントに載せて配布するのも効果的。この場合，ストーリー・リテリングの準備をすることを家庭学習の課題として，次回の授業で数人にストーリー・リテリングをさせることが可能になる。また，このようなプリントを作ると story writing を行わせることも可能になる。

　生徒がストーリー・リテリングを行う際には，本文とは違う表現になってもかまわないこと，話す順番が変わったり，省いたり，何かを付け加えてもいいこと（これは大いに奨励すべき点である）などを指示すると生徒にとってやりやすさが増すと考えられる。長いストーリーの場合には分割して別々の生徒に行わせることも考慮すべきである。また，生徒の発話に文法的な間違いが含まれていた場合には，発表が終わった際に，教師が内容を確認するような雰囲気で，正しい形で言い直し，間違いに気づかせることも効果的であろう。

　上記のような手順でストーリー・リテリングを行うことによって，第二言語習得において重要な認知プロセスを活性化するアウトプット活動を，教室で展開することが可能になると考えられる（第1章参照）。

＊

　本章では，アウトプットが第二言語習得において果たす役割を確認し，具体的な学習法・指導法を紹介した。第二言語で話すこと，書くことをしなければ，間違って恥をかいたり，自分の思いを伝えられない悔しさを味わうこともない。しかし，そのような経験こそが，第二言語習得を促す大切なものであることを忘れてはならない。

■指導効果の検証[3] 自律要約法の効果

　村野井（2006）は，日本人大学生を対象として，自律要約法が英語運用能力の伸長に効果があるかどうかを検証している。本章で紹介した学習手順に従って，34名の英語学習者に自律要約法を7ヶ月の間継続的に行うよう促し，その学習期間の前後で英語を書く能力，話す能力がどのように変化したかを調べた。1週間に1回以上，自律要約法を用いて英語学習をすることが課題とされたが，この回数には個人差が見られ，多い人は週2回，平均では月1回程度の実施であった。一定量の要約を行った33名に対して，当該の学習を行う前と後に，ライティング・テスト（身近な事柄について書く）とスピーキング・テスト（身近な事柄について話し，録音する）を行った。どちらも「t-unit あたりの平均語数」を算出し，英語運用能力の指標とした。t 検定の結果，ライティングに関しては，自律要約法を行った後で t-unit あたりの平均語数が実施前と比べて有意に高まったことが分かった。スピーキングに関しては，有意傾向は見られたものの，学習の前後で有意差はなかった。このことから，自律要約法は一定期間定期的に続けた場合，少なくとも英語を書く力を伸ばす可能性が高いことがわかった。ライティングによる要約学習の効果がスピーキングに転移するかどうかは，今後さらに調べる必要があろう。要約とコメントの総語数と英語運用能力の伸びとの間の相関関係に関する分析からは，要約をたくさん行った学習者がより伸びているということには必ずしもなっていないことが分かった。この結果は，要約の効果を左右するのは，要約の量ではなく，要約の質であることを示唆していると言えよう。

【資料3：自律要約法の実践例】

　以下は，ある大学2年生が自律要約法を行った際に用いたテキスト，学生自身が作成したコンセプト・マップ，自己添削後の要約である。要約および付け加えられたコメントには若干英語の誤りが含まれているが，意味のあるアウトプット活動が行われたことをこの例は示している。

(1) 要約対象のテキスト

> **17-year-old kills teacher**
>
> 　OSAKA (Kyodo) ― A knife-wielding 17-year-old youth intruded Feb. 14 into an elementary school in Neyagawa, Osaka Prefecture, stabbed a male teacher to death and seriously wounded two female staff members with a *sashimi* knife. No students witnessed the attack, which took place at Neyagawa Elementary School at around 3:10 p.m.
>
> 　Police say the youth was acting on a grudge against another teacher, who was not among the casualties of the attack. The youth claimed that the teacher had failed to help him when he was bullied as a pupil there.
>
> 　Teacher, who still works at the school, has told police that he has no idea why the teen harbors ill feelings toward him.
>
> 　　　　　　　　　　　　　　　　　　　　　(*Shukan ST* : Feb. 25, 2005)

(2) 学習者が作成したコンセプト・マップ

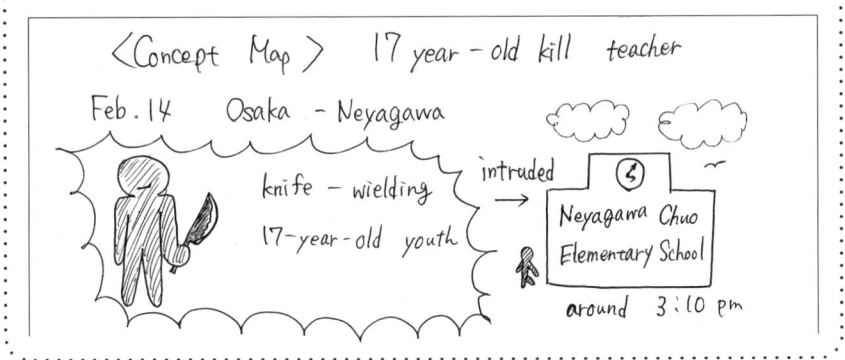

```
<Concept Map>   17 year-old kill teacher
Feb.14  Osaka - Neyagawa
                              intruded    Neyagawa Chuo
  knife - wielding         →              Elementary School
  17-year-old  youth
                                          around 3:10 pm
```

[Hand-drawn notes with pictograms]

→ stabbed a male teacher
           ↓
           death !

→ seriously wounded
  two female stuff members
  sashimi knife

No students — witnessed

Police say

youth — grudge → another teacher = not among the casualties

was bullied → had failed to help — youth as a pupil there
    claimed

no idea
why youth - harbor ill feelings → told police

6

(3) 自己添削後の要約と付け加えられたコメント

⟨ Summary ⟩

A knif-wielding 17-year-old youth intruded ~~in~~ elementary school
                                            into
in Neyagawa, Osaka prefecture, stabbed a male teacher to death and
                   prefecture
(seriously) wounded two female stuff members with a sashimi knife.
No students witnessed ~~that~~ attack.
                       the

Police say youth had a grudge against another teacher. When he was a pupil there, he was bullied and claimed the teacher, who was not among the culprities, but he had failed to help.

The teacher told Police that he don't understand youth's feelings. Police said he will undergo a summary psychiatric test.
         harbors ill feelings
         のちがよい(?)

<My comments>

I was bullied for a month when I was elementary school student, but then my friends and teacher helped me. So I could recovered from the shock. Now, I am lively and active. I owe what I am to them. I'm sorry about this boy. Bullying and theacher's behavior gave a bad influence on him. I hope bullying will decrease and understanding of bullying and about bully and people who are bullied will be spread. I don't forget this attack and my experience. I think the boy shouldn't forget his experience, too. If he get over the shock, he can change. I think.

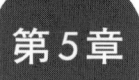

第5章
フォーカス・オン・フォーム による文法の習得

――文法や語彙はどのようにすれば使える知識として身につくのか――

❶ フォーカス・オン・フォームとは何か

　「フォーカス・オン・フォーム」（focus on form）ということばを初めて聞いた人は何を連想するだろうか。その名前のせいで，言語形式を集中的に学習する文法構造中心の学習や指導を思い浮かべる人も多いと思われる。このようなイメージに反して，フォーカス・オン・フォームという指導理念においてもっとも重視されているのは，学習または指導の中心が，「意味理解，意思の伝達などの第二言語によるコミュニケーション活動」に置かれるということである。内容のある事柄に関して第二言語学習者が目標言語を使用して意味ある活動を行い，その過程において文法習得を促すことが，フォーカス・オン・フォームのねらいである（Long, 1988a, 1991）。本章では，文法偏重でもなく，意味偏重でもない，この新しい文法指導観を確認し，文法習得・語彙習得を効果的に促す学習法・指導法を紹介したい。

1. フォーカス・オン・フォームの定義

　フォーカス・オン・フォームとは，「意味中心の言語理解・産出活動において，特定の言語形式（語彙・文法）の習得を促すこと」と概略的に定義される（村野井, 2005）。その概念は図5-1のように図示することができる。

　「意味中心言語活動」（meaning-based L2 activity）とは，内容のある

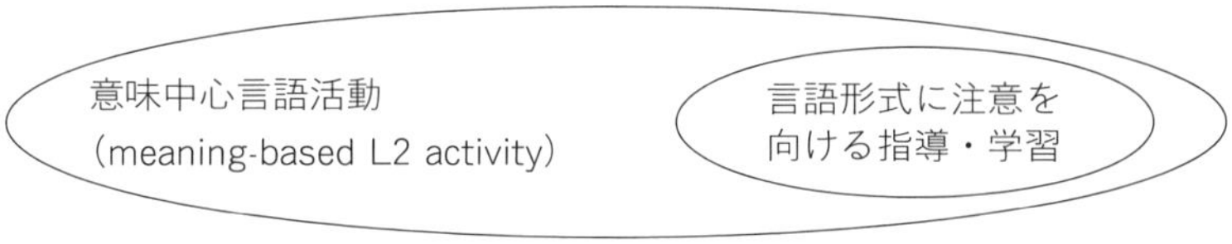

```
  意味中心言語活動              言語形式に注意を
 (meaning-based L2 activity)    向ける指導・学習
```

図5-1　フォーカス・オン・フォームの概念図

　事柄について聞いたり，読んだり，話したり，書いたりする内容中心の第二言語活動（content-based L2 activities）や，タスク活動などのコミュニケーション重視の第二言語活動のことを意味する。そのような意味重視・コミュニケーション重視の授業において，特定の言語形式に学習者の注意（attention）を教師または学習者自らが向けようとすることが，Long（1988a, 1991）が提唱したフォーカス・オン・フォームと呼ばれる指導原理・学習原理である。これとは対照的に，コンテクストから切り離された文法項目を1つずつ覚えていくような文法偏重の指導・学習は focus on forms と呼ばれる。また，意味のやり取りだけを重視して文法に注意を全く払わない指導・学習を focus on meaning と呼ぶ。このどちらもフォーカス・オン・フォームとは大きく異なるものである。

　意味重視の言語活動において，意味から言語形式へ学習者の注意がシフトされるのは，学習者が言語理解または言語産出をしようとする際に，なんらかの形でつまずいた時であると言われている（Long & Robinson, 1998）。うまく理解できない，表現できないと学習者が思った瞬間に学習者の注意が，意味（meaning/message）から形式（form）に移される。言語運用の面で「つまずく」ことによって，学習者の注意が言語形式に向けられると言えよう。たとえば，日記を書くという意味中心言語活動を行う際に「高校時代に陸上競技みたいな個人種目じゃなくて，サッカーとかの団体スポーツをやっておけばよかった」という意味を，後悔の念を表すため（機能）に英語で書いてみようとして，仮定法過去完了（形式）がうまく出てこなかったとすると，それは一種の「つまずき」になる。このつまずきに教師が気づいて助けてくれたり，学習者自身が助けを求めたり（たずねる，文法書を見る，など）すれば，それが一種のフォーカス・オ

ン・フォームとなる。

2. フォーカス・オン・フォームと形式・意味・機能のマッピング

　上記のようなフォーカス・オン・フォームが第二言語習得を促進するのは，1つの認知活動において，学習者が形式・意味・機能の3つを同時に処理するからであると指摘されている（Doughty, 2001）。意味が重視され，コンテクストが明確な言語活動の中で，学習者が言語形式の意味や機能を探し求め，それが見つけられた場合には，第1章および第3章で触れた，形式・意味・機能のつながりを把握すること，つまりマッピング（form-meaning-function mapping）が起きることとなる。たとえば，教師が以下のようなフィードバックを対話活動の中で学習者に返した場合，それは学習者の注意を形式に向け，その形式がどのような意味および機能（「使用」（use）とも呼ばれる）と結びつくのかを暗示的に示すと考えられる：

　（タスク活動において，学習者が教師に依頼をする場面）

　学習者：I want you to take me to the airport tonight.

　教師：Do you mean you wonder if I could take you to the airport tonight?

　上記の例では，相手に負担をかける依頼なので，学習者は「命令・指示」の機能を持つ形式（want 人 to 動詞）ではなく，より丁寧な形式を使う必要がある。その語用的な誤りを学習者に気づかせるため，教師は学習者の言った表現を使いながら，より適切な形に言い替えて意味の確認をしている。このようなフィードバックは「修正的リキャスト」（corrective recast）と呼ばれるもので，言語習得において重要な役割を果たすことが知られている（Doughty & Varela, 1998; Farrar, 1991, 1992; Han, 2002）。学習者がこの暗示的なフィードバックに気づくかどうかは，さまざまな要因に左右されるが，気づいた場合，学習者が行った「依頼」は，教師が使った別の形式（I wonder if 人 could 動詞）と結びつくべきであることがコンテクストの中で学習者に伝えられる。このような形式・意味・機能の同時処理がフォーカス・オン・フォームによって促進されるとDoughty (2001) は主張している。

❷ 第二言語文法習得・語彙習得のメカニズム

本節では，文法習得，語彙習得のメカニズムに関わる基本的な概念を確認したい。

1. 教育文法仮説

文法能力をどのように伸ばすべきかを考える上でまず押さえておきたいのが，Corder（1973）らによって提唱された「教育文法仮説」（Pedagogical Grammar Hypothesis）である（Rutherford & Sharwood Swith, 1988）。教育文法仮説では，文法指導において，文法規則などに関する文法記述（pedagogial descriptions）を，学習者に記憶すべき学習対象（the object of learning）として提示するのではなく，あくまでも学習者の中に文法能力が育つのを助ける働きをするもの（aids to learning）としてとらえるべきであることが主張されている。1つ1つ煉瓦を積み重ねるように文法項目を学習者に記憶させていくのではなく，文法能力が育つための機会を学習者に与えることの重要性が示されている。これは，伝統的な煉瓦（文法項目）積み上げ型の文法学習・文法指導と全く異なる文法習得観を持ったものであると言えよう。[1] 学習者が目標言語に触れ，目標言語を使用する過程をあくまでも重視し，言語使用の中で学習者の中に文法知識が育っていくのを促すために，明示的な文法説明や文法記述が意味を持つという立場をとっている。明示的文法知識（explicit grammatical knowledge）を学習者に提示すること，ただそれだけでは文法習得は効果的に促進されないことを明確に示した仮説である。

明示的文法知識が，どのように第二言語習得を助けるのかという問題に関しては，多くの研究者がさまざまな研究を重ねてきており，少なくとも次の点が明らかになっている（Doughty & Williams, 1998 ; Norris &

---

1) Nunan (1999) は，文法を1つ1つ積み上げるように記憶していく文法学習を「ブロック積み上げの喩え」(building block metaphor) で表し，学習者の中に文法が育つような文法指導を「（植物が育つような）有機栽培の喩え」(organic metaphor) で表し，後者の有効性を学習者中心教授法 (learner-centered instruction) の観点から主張している。

Ortega, 2000 ; R. Ellis, 1994, 1997a ; Terrell, 1991)。
(1) 明示的文法知識によって，インプットの中に含まれている言語形式に学習者の注意が向けられるようになる。
(2) 事前知識（advance organizer）として文法規則を学んでいると，文法形式とそれが表す意味および機能との関連をより明確につかむことができる。
(3) 言語知識を直接与えることによって，中間言語文法が育つ速度を速めることができる。
(4) 自分の文法的誤りに対して，敏感になることを助け，誤りの修正を助ける。

2. 暗示的文法習得と明示的文法知識

　文法能力を伸ばすためには，明示的文法説明や誤りの修正などの意識的で明示的な文法指導（explicit grammar instruction）が効果的なのか，または多くのインプットに触れ，言語使用の中で学習者が意識することなく文法規則を習得することを促す暗示的文法指導（implicit grammar instruction）が有効なのかという問題に関して多くの実証的研究が行われている（DeKeyser, 2003 ; Doughty, 2003 ; N. Ellis, 2005 ; Norris & Ortega, 2000)。単純な言語規則に関しては明示的知識が習得を促すことがいくつかの研究で報告されているが，複雑な言語規則に対しては明示的言語知識が効果的なのか，暗示的学習がいいのか，はっきりした結果は得られていない（DeKeyser, 1995 ; Robinson, 1996b など)。複雑な言語システムの指導において明示的宣言的知識を与えることは避けるべきであるという見解もある（Doughty, 2003)。N. Ellis（2005）は，関連する研究の結果に基づいて，明示的知識と暗示的知識は互いに作用し合うものであるため，このどちらもが第二言語習得において役割を果たすという見方を示している。暗示的文法習得に明示的文法知識を与える指導を組み込むことが効果的であるというデータを示す研究も多く（N. Ellis, 1993, 2005 ; Muranoi, 2000 など)，暗示的，明示的文法指導は，バランスよく組み合わされることが重要であると言えよう（Corder, 1973 ; Doughty & Williams, 1998 ; Larsen-

Freeman, 2001)。[2]

　暗示的な文法習得がどのようなメカニズムで行われるのか，未だ明らかにはされていない。第二言語学習者の帰納的システムによる（e.g., Carroll, 2000），生得的な言語習得能力が作用する（e.g., L. White, 2003），第二言語との接触の頻度（frequency）が決定的である（e.g., N. Ellis, 2002）など，いくつかの提案が出されてはいるが，対象とする言語項目の特徴，学習者の発達段階，学習環境などによって左右されるため，研究結果はさまざまなものが報告されている（N. Ellis, 1994, 2005 参照）。SLA研究の今後の大きな課題の1つである。

3. 学習者の心理言語的レディネス

　フォーカス・オン・フォームを含む全ての文法指導が第二言語習得に効果をもたらすかどうかは，学習者の内的シラバス，言語処理能力，学習可能性上の制約などの要因に左右されるという指摘がある（Doughty & Long, 2003b）。つまり，第二言語習得は一定の順序を踏んで進んでいくものであり，ある発達段階から次の段階に進むためには，学習者内部での準備，つまり心理言語的レディネス（psycholinguistic readiness）が整っていなければならないということである。このような第二言語の発達段階は，Pienemann（1998, 2003）によれば，学習者がその段階でどのような言語処理ストラテジーを使えるかによって決まると考えられている。たとえば，英語の疑問文構造には表5-1（次ページ）のような発達段階があることが明らかにされている。

　これらの段階は，基本文型を使いこなすこと，何かを1つ基本文の文頭に付加すること，疑問文のための倒置を行うことなどの処理（processing）が1つ1つできるようになることによって，次の段階へと累積的に進んでいくようになっている。学習者が自動的に処理できることが増えて

---

[2] イタリア語，英語に流暢なサッカー日本代表の中田英寿選手がインタヴューの中で話した次のことばは，明示的学習と暗示的学習の融合を示しており興味深い。「…ある程度話すことができるようになった時点で，そこで文法を勉強する。そうすると自分が使っているセンテンスの中に，その文法というのは組み込まれているから「あ，これがこういう意味なんだ！」というのがそこでわかるようになる。」（『月刊バーサス』2005年10月号，p.42）

表 5-1 疑問文構造に関する発達段階 (Pienemann, Johnston & Brindley, 1987; Lightbown & Spada, 1999 から引用)

第1段階	単語，決まり文句	Four children?
第2段階	肯定文の語順	The boy throw the shoes?
第3段階	文頭への付加	What the dog are playing?
	(Wh 疑問詞, do)	Do you have a shoes on your picture?
第4段階	wh＋be 動詞および	Where is the sun?
	yes/no 疑問における倒置	Is there a fish in the water?
第5段階	wh 疑問における倒置	What's the boy doing?
第6段階	複雑な疑問文	
	付加疑問	It's better, isn't it?
	否定疑問	Why can't you go?
	埋め込み疑問	Can you tell me what the date is today?

いくことによって，上の段階に進むことになると考えられている。

　文法指導を行う際には，このような発達段階と指導のタイミングをあわせることが大切である(Mackey, 1999)。例えば，基本文構造に上昇調のイントネーションだけで疑問文を作るのが精一杯の学習者，つまり第2段階にいる学習者に，第6段階の付加疑問文を教えても，その項目は習得できない可能性が高い。このように学習者の処理可能性(processability)から，文法の教授可能性(teachability)を予測することができ，これは教師にとって指導上重要な情報となりうる(Pienemann, 1984, 1989, 1998)。

　他者との関わりを重視する社会文化理論（sociocultural theory）では，教師の働きかけによって第二言語がもっとも発達するのは，学習者が「最近接発達領域」(zone of proximal development, ZPD) にいる場合であるとされている (Lantlof, 2000, 2005; Ohta, 2001)。ZPD とは，学習者が現在いる発達段階のすぐ上の領域を意味している。現在の発達段階よりは上であるが，教師や他の学習者などの他者の助けを借りれば次の発達段階に属する課題を遂行できる場合，その学習者は ZPD にいるとみなされる。他者の助けを借りても課題達成が無理な領域にいる場合，教師の働きかけの効果は当然弱い。個々の生徒の発達段階を見極めることの重要性を浮き

4. 文法知識の自動化

　文法習得を考える際に，忘れてはならないのが，「言語知識の自動化」（automatization）というプロセスである（DeKeyser, 2001 ; Johnson, 1996）。頭の中に英語の文法知識や語彙知識がたくさん入っていても，それをうまく使いこなせない学習者は多い。現実のコミュニケーションで，特にスピーキングにおいて，瞬間的にあるメッセージを語彙と文法（音韻知識も含む）を使って言語化できる場合，その言語知識は自動化されているとみなすことができる。自動化されていないケースとしては，数十秒かければ出てくる場合や，文字では書けるが口からは出てこないというような場合である。後者の場合は，文法的な言語化（grammatical encoding）はある程度自動化されているが，音韻的な言語化（phonological encoding）または調音段階の言語化（ariticulation）が自動化されていないというケースであろう。

　自動化とは，意識や努力を必要とする情報処理（統制処理 controlled processing）から，それらを必要としない自由で速い自動的処理（automatic processing）への移行のプロセスである。携帯電話のメールを初めて使うとき，最初は誰でも相当時間がかかる。頻繁に使用することにより，多くの人は恐ろしい速さで，ほとんど自動的にメールを打てるようになる（筆者は依然として携帯メールは統制処理でしか使えない）。この変化が自動化である。自動化を促すのは，携帯メールの例が明らかに示すように，練習（practice）の頻度である。使用するたびごとにそれが練習となり，処理の速さと，その課題にかける心的努力（mental effort）がどんどん軽くなってくる。文法に関してもこのような実際の使用を通した自動化が必要になる。自動化された文法知識が多ければ多いほど，瞬間的に流れていく現実の対人間コミュニケーション（interpersonal communication）で，伝えたいことを自由に伝えることができるようになるからである。

　知識の自動化は，認知心理学の分野で，「知識の手続き化」（proceduralization）という視点から，活発に研究されてきている（Anderson,

2000)。手続き化とは,「宣言的知識」(declarative knowledge) が「手続き的知識」(procedural knowledge) に変わる変化である。[3] 宣言的知識とは,学習者が意識できる知識,ことばである程度説明できる知識のことである。つまり,何かについて知っていること (knowing that) である。一方,学習者がほとんど意識せずに何かができる場合,手続き的知識を備えているとみなされる。つまり,何かをどのように行うのかを知っていて,かつ,できる (knowing how) という状態である。宣言的知識から手続き的知識への変化は,練習 (practice) によって進められると考えられている (Anderson, 2000 ; DeKeyser, in press 参照)。

Johnson (1996) は,Anderson の手続き化に関する認知心理学的モデルである ACT モデル (Adaptive Control of Thought Model) を使い,ある文法規則が手続き化される際の段階を説明している。ここでは,以下のように「IF..., THEN...」(もし…ならば (goal),その時には…せよ (action)) というプロダクション規則を使って,学習者が現在完了形の知識をどのように手続き化していくのかが推定されている。手続き化には以下の3つの段階がある。[4]

(1) 宣言的段階 (declarative stage)
(2) 知識編集段階 (knowledge compilation stage)
(3) 手続き的段階 (procedural stage)

例えば,現在完了の 'has changed' がスキルとして自由に使えるようになるプロセスを考えてみよう。まず,最初の段階は,現在完了の形を宣言的に認識する(1)の宣言的・認知段階である。この段階では,「have の三人称現在の形を作れ」,「動詞の過去分詞形を作れ」などのいくつかの規則が宣言的に処理される。次の知識編集・連合段階では,いくつかの規則が1つに結合して,1回の操作で 'has changed' が産出されるようになる。長

---

[3] 小柳 (2004) は,「宣言的知識を練習により手続き的知識に変える」という場合,手続き化するのは詳細に記述された規則ではなく,規則適用のプロセスであることに注意すべきであると指摘している。
[4] Anderson (2001) では,「宣言的段階」は「認知段階」(cognitive stage),「知識編集段階」(knowledge compilation stage) は「連合段階」(associative stage),「手続き的段階」(procedural stage) は「自律段階」(autonomous stage) と,それぞれ呼ばれている。

期記憶として頭の中に貯蔵されている宣言的知識に頼らずに，現在完了をどう産出するかという手順（手続き的知識）が記憶されることになる。最後の手続き的・自律段階では，処理がより高速化するとともに，プロダクション規則が広く応用されるようになったり，さらに強化されたりして，より適切なものに調整（tuning）されていく。[5]

このように細かいばらばらの操作が練習（言語使用）を経て，1つのものに結合され，より高速に処理されるようになるのが手続き化であると考えられている（詳細は Anderson, 2001 ; Johnson, 1996 参照）。

Johnson (1996) は第二言語知識の手続き化を進める上で，タスク活動が効果的であることを指摘しているが，それに加え，手続き化を促す練習を行う際に，「必要注意マイナス1」（ra－1: required attention minus 1）という条件を考慮すべきであるというユニークな提案をしている。例えば，教師が現在完了を適切に提示した後で，意味のある文型練習を行ったとする。その段階で，仮に学習者が現在完了を使いこなすのには10の注意（attention）が必要だとする。その状態にある学習者が，単なる文型練習ではなく，より現実の言語使用に近いコミュニケーション・タスクの中で現在完了を使わなければならない状況に置かれたとすると，タスクの遂行，つまり問題解決のために現在完了とは関連のないことに学習者の注意が注がれる。その量を1と仮定しよう。そうなると，学習者は残りの9の注意で現在完了を運用することを強いられる。その状態で，現在完了が楽に使いこなせるようになったら，教師はタスクの複雑性（task complexity）を高め，8の注意しか現在完了に注げないようにする。これを繰り返していって最終的には現在完了に必要とされる注意の量を0にすることをめざす。ra＝0の状態が，現在完了の手続き化・自動化が完了した状態である。タスクの複雑性を操作することによって，文法運用能力を段階的に高めることの有効性を概念的に示している。[6]

---

[5] 門田（2003）は，心理言語学的モデルに基づき，「処理段階のバイパス化」および「情報の活性化と配置換え」という2つの内的機構を提案して自動化を説明しようと試みている。
[6] タスクの複雑性と第二言語能力の関係に関しては，R. Ellis（2003）; Skehan（1998）; Robinson（2001a, 2001b）などが詳しく論じている。

5. 語彙力とは何か：語彙サイズ・語彙知識

フォーカス・オン・フォームでは，文法だけではなく，語彙も言語形式として扱われることが多い。ここでは語彙習得について簡潔に要点をまとめてみたい（門田，2003；投野，1997；中村，2004；望月・相澤・投野，2003 参照）。

まず，私たち英語学習者はどの程度の語彙を使えるようになるべきなのか，考えてみよう。[7] 聞いたり，読んだりして分かる理解語彙数が，最低5,000語（基本語2,570語，見出し語換算で5,000語）あれば，会話の92.2%，小説の89.1%，新聞の84.3%，学術文の86.7%がカバーされるというデータがある（Nation, 2001）。

英語学習者にとって，自分がどの程度の理解語彙を持っているのかを把握することは，語彙学習の目標を定める上でも重要である。望月他（2003）に載せられた「語彙サイズテスト」は，日本人英語学習者のおおよその語彙サイズを簡便に測定することができ，語彙力診断のための重要な情報を得ることができる。

発表語彙に関しては，2,000語から3,000語程度あるとかなりのことが表現できるようになる。この数は *Longman Dictionary of Contemporary English*（約2,000語）や *Oxford Advanced Learner's Dictionary*（約3,000語）などの学習用英英辞典が語句の定義に用いている語彙の数と同じである。この数の語彙が運用できれば，学習用英英辞典と同じように，さまざまな事柄をやさしい英語で表現することができるようになると言えよう。

語彙を知っているという場合に，単に意味を知っているだけではなく，それ以外の言語的情報も知っている必要がある。さらに，理解できるだけではなく，アウトプットとして語彙を使えるかという点も語彙力を考える上で決定的に重要である。以下では，Nation (2001, 2005) をもとに，学習者が，語彙の何について理解ができて（理解），語彙を使って何ができればいいのか（表現）を，(1) 形式的知識，(2) 語彙的知識，(3) 使用に関する知識の3つの観点から確認したい。

---

[7] 英語教師はここに記されるレベルよりずっと高い英語力を備えていると考えられるので，ここでの「英語学習者」とは大学生（個人差は大きいが）を念頭においている。

(1) **形式的知識**
- その語はどのように聞こえるか（音声・理解）
- その語はどう発音されるのか（音声・表現）
- その語はどんな形をしているのか（文字・理解）
- その語はどのように書き綴られているのか（文字・表現）
- その語はどのような構成要素に識別されるのか（語形成・理解）
    e.g., equ-＝equal（等しい）という要素から equal, equilibrium, equivocal などの意味を推測する）
- その語のどのような構成要素が意味を表す上で必要か（語形成・表現）
    e.g., asymmetric（symmetric に否定辞 a-をつけ反対の意味を表す）

(2) **語彙的知識**
- その語形はどんな意味を表現しているのか（理解）
- その語の意味を表すのにどんな語形が使われているのか（表現）
- その語にはどんな概念が含まれているのか（理解）
- その語が表すのはどんな指示物か（表現）
- その語からどんな連想が浮かぶか（理解）
- その語の代わりに他のどんな語の使用が可能か（表現）

(3) **使用に関する知識**
- その語はどんな文型で出現するのか（理解）
- その語はどの文型で使われるのか（表現）
- その語はどんな語と共に連語として生じるのか（理解）
- その語と共にどんな語を連語として使わないといけないのか：コロケーション（collocation 連語関係）の把握（表現）
    e.g., 動詞 abandon と children, a puppy などとのつながり，
        tell（*make）a lie と make（*tell）a promise の違い
- どのような状況下でその語に出会うのか（理解）
- どのような状況下でその語を使うか（表現）
    e.g., 「死ぬ」という意味を表す kick the bucket, die, pass away, decease を使い分ける

語彙力がこのような下位能力によって成り立つと考えると，語彙力を高

めるには，さまざまな学習法・指導法が必要になることが分かる。語彙の音声情報をつかむ学習，語彙の連想を高める意味地図（semantic map）の作成，[8] 類義語辞典（thesaurus）・連語辞典（collocation dictionary）の活用，コンテクストの明らかな中での語彙理解・語彙使用など，多様な方法で語彙に触れることが重要であることが分かる。

6. 意図的学習と付随的学習

　第二言語学習者が語彙および文法を身につける際に，文法や語彙を身につけようという意図を持って学習を行う場合と別の目的，例えば，自分の楽しみのために読んだ本から意図せずに語彙や文法が身につくことがある。前者を「意図的学習」（intentional learning），後者を「付随的または偶発的学習」（incidental learning）と呼ぶ。

　意図的学習の典型的な例は，単語帳を利用しながら語彙力の増強を図ること，文法書を読んで文法知識を増やすこと，TOEICやTOEFL，英検などの対策本に取り組むことなどがあげられる。[9] また，多読や多聴など，およびコミュニケーション活動などを行っている際に，分からない語彙や文法に出くわし，それらを辞書で調べ意味・用法を確認することも一種の意図的学習と言える。

　語彙習得にしても，文法習得にしても，大切なのは意図的学習か付随的な学習かという区別ではなく，学習者が適切な方法で，かつ十分な頻度で目標言語項目に出会うことができるのか，という問題であろう。Hulstijn (2001, 2003) は，語彙・文法の習得が起きるのは，それぞれの言語項目を

---

[8] 意味地図を作成するにあたって，尾崎哲夫 (2004)『私の英単語帳を公開します！』（幻冬舎）などが参考になる。
[9] 近年のコーパス言語学の発展によって，学習者が体系的な意図的語彙学習をするために有効な単語帳が数多く出版されている。中でも投野由紀夫 (2005)『NHK100語でスタート英会話スーパーコーパス練習帳』（NHK出版）は，発表語彙の中核となるべき基本語について使用頻度順にコロケーション情報，例文，音声を提供していて，有益である。理解語彙に関しては，高木義人 (2002)『TOEFL TEST対策必修単語集』（テイエス企画）は構成要素の表示，分野ごとの分類に特徴があるため，使いやすい。大学入試用に3つの語彙レベルごとに作られている小森清久他（編著）(2003)『データベース5500合格英単語・英熟語』（桐原書店）などは，分野別，構成要素別の分類をしており，理解語彙のミニマム・エッセンシャルズを把握する上で目安となる。頻度別の語彙リストとしては，相澤一美他 (2005)『大学英語教育学会基本語リスト』に基づくJACET8000英単語』（桐原書店）がある。

学習者が深く処理したときであると主張している。言い換えれば、学習対象と学習者が深く関わること（involvement）が重要であると言える。語彙や文法の必要性を学習者が感じ取り、それらの意味や機能を学習者が自ら辞書や文法書を使って調べたり、たずねたりすることによって関わりを深めることが習得の度合を決定すると考えられている（Laufer & Hulstijn, 2001）。このような深い情報処理を、回数を重ねて行うことが決定的であると思われる。Hulstijn（2001）は、言語項目の習得を決定するのは情報処理の質（quality）と頻度（frequency）であると主張している。重要な指摘である。

❸ 第二言語学習法としてのフォーカス・オン・フォーム

情報を得るため、もしくは、自分自身の楽しみのために英語を聞き、読む。自分の意思を伝えるために、話し、そして書く。このような意味中心、内容中心の英語学習を続けながら、文法につまずいたときに明示的な文法記述に頼ること、これが学習者が自分一人でできるフォーカス・オン・フォームである。このような自律的学習に、語彙力を体系的に伸ばす意図的語彙学習を組み合わせ、平行して行っていくことが、最も効果的に語彙力・文法力を伸ばす学習法であると筆者は考える。本節では、効果的な文法学習を行うために有益な文法参考書をまず紹介し、次に、学習者一人でできる自律的フォーカス・オン・フォームの学習法を紹介する。

1. 自律的フォーカス・オン・フォームを行うために支えとなる文法記述

内容中心、意味重視の言語活動をする中で、必要に応じて文法書などに提示されている明示的記述を活用することが、自律的フォーカス・オン・フォームを実践する上で求められる。このような目的のために、英語学習者は少なくとも1冊はすぐに利用可能な「困ったときに助けになる文法書」を手元に置いておく必要がある。英語教師であれば、用途によって使い分けられるよう、複数の文法書をすぐに活用できるようになっていることと思われる。

安井（1996），江川（1991）などの，以前から広く知られ，英語教師に長く用いられてきた文法・語法書に加え，最近では，読みやすさ，理解しやすさを重視した文法書が増えてきている。その一例を本章末の「資料4」に示した。この他，大津（2004）やピーターセン（1998）なども，英文法の基礎知識を意図的に固める上で，有益である。

2. 映画・ドラマを使った自律的フォーカス・オン・フォーム

　フォーカス・オン・フォームの基本は，まず内容・意味中心の英語学習を行うことである。自分の楽しみのために，または情報を求めて英語を聞いたり読んだりする過程の中で，気になる語彙や文法を拾うような作業をすることも一種のフォーカス・オン・フォーム学習法と言える。映画やドラマを使えば，楽しみながら英語学習ができる。最も簡単な方法は，DVDなどの映像を見ながら，そこに含まれていて，自分に必要だと思われる語彙や文法をピックアップすることである。

　この場合，言語項目を聞き取り，そして書き取るのはなかなか手間がかかるので，DVDの英語字幕やスクリーン・プレイ社などから出されている映画台詞のスクリプトを利用するのが有効である。まず，自分の好きな映画やドラマの一場面をじっくりと鑑賞し，意味が十分に理解できた段階で，台詞を見ながら役に立つ表現を拾い，マークする。できれば，拾った表現のリストを作成すれば，それらの表現との「関わり」が深まり，習得が促される。

　以下は，大学生英語学習者が，映画『ゴースト』の中の10分程度の一場面を見て，スクリプトから拾った文である。

（場面：霊媒師 Oda Mae Brown が，幽霊になった Sam に言われて，恋人の Molly のところに初めて行く）

1. *How would* I know if he *wasn't* here.　もし彼がここにいなかったとしたらどうして（そんなこと）がわかるの？
2. I'd never *get over* that.　（私だったら）そんなことは耐えられない。

3. He just asked me to *remind* you *of* the sweater that's in the closet that you knitted. キミが編んでクローゼットにしまってあるセーターを思い出させるように彼は私に頼んだ。
4. He *kept* me *up* all night sing*ing* "I'm Henry the Eighth, I Am." 彼は『俺はヘンリー8世』を歌って私を一晩中寝かせなかった。
5. Sam *would* never say that. 彼だったらそんなことは言わないわ。
6. *Would* you *stop* rambl*ing*? 無駄口をきくのは止めてくれる？
7. If you *did*n't have an *attitude*, you *would* not *have raised* your voice to me, would you? もし，あなたが生意気じゃないんなら，私に向かってあんなに大声でわめいたりしなかったはずでしょ。
8. You *gotta* go to the police. 警察に行かなきゃ。

　ほんの10分程度の1場面から，このような生きた英文法の例文を拾い出すことができる。特に，仮定法などの意味および機能が把握しにくい表現に，明確なコンテクストの中で触れることができ，形式・意味・機能マッピングが促される。字幕などでストーリーを理解した後で，上記のようにスクリプトを見ながら，役に立つ表現に焦点を当てることは文法習得の上で極めて効果的である。

　このような方法で，言語表現と自分との関わりを深めた後に，映像を見ながら，シャドウイングなどの自動化を促す学習をするのが有効であろう（第2章参照）。

❹ フォーカス・オン・フォームによる英語指導

　本節では，教室指導としてのフォーカス・オン・フォームを紹介する。どのような指導技術があるのか，どのような効果が報告されているのか，概観してみたい。

1. フォーカス・オン・フォーム指導の分類

　フォーカス・オン・フォームの種類としては，言語形式の誤りにどう対

処するのかを前もって決めておくもの (planned FonF) と，その場の判断で瞬間的に反応するもの (spontaneous FonF) に大別される (Williams, 2005)。さらに，前者は学習者の文法使用上の「つまずき」に対して反応するもの (reactive FonF) と前もって何らかの処置（視覚的に目立たせるなど）を行うもの (proactive FonF) に分かれる。後者は，その場で教師が文法的誤りなどに反応するもの，または学習者が援助を求めるものに分けることができる。学習者の「つまずき」をその場で予測して，説明を加えるような予防的対応 (preemptive FonF) もフォーカス・オン・フォームの一種とみなすこともできる。このようなフォーカス・オン・フォームの分類は，図5-2にまとめられている (Williams, 2005)。これはフ

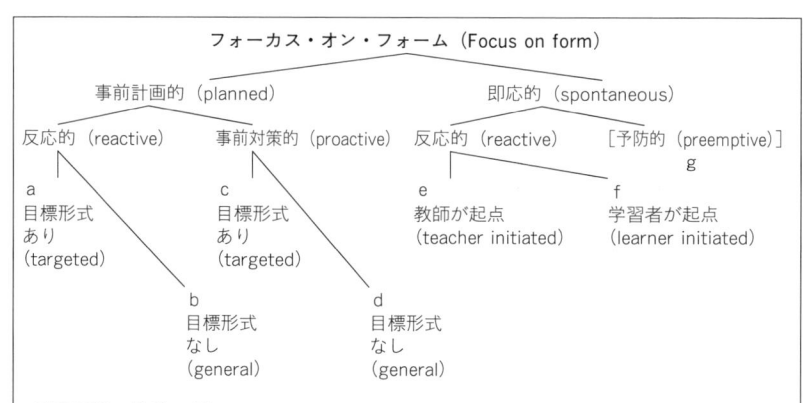

```
                    フォーカス・オン・フォーム (Focus on form)
                   ／                                    ＼
            事前計画的 (planned)                    即応的 (spontaneous)
           ／         ＼                          ／              ＼
   反応的 (reactive)  事前対策的 (proactive)   反応的 (reactive)  [予防的 (preemptive)]
                                                                    g
   a                  c                        e                    f
   目標形式             目標形式                  教師が起点             学習者が起点
   あり                あり                     (teacher initiated)  (learner initiated)
   (targeted)         (targeted)
        
        b                  d
        目標形式             目標形式
        なし                なし
        (general)          (general)
```

〈言語活動・指導の例〉
a．事前に選択していた言語形式に対するリキャスト (recast)
b．学習者の誤り一般に対するリキャスト (general recasting)
c．（視覚的に）補強されたインプット (enhanced input)，特定の言語形式にフォーカスするタスク活動 (focused communicative tasks)
d．タスク準備時間の延長，意味交渉のあるタスク
e．学習者の誤りに対する説明など
f．学習者が起点となるフォーカス・オン・フォーム（例：学習者が文法的問題に援助を求める）
g．（学習者の問題点を予測して，説明を行う）

図5-2　フォーカス・オン・フォームの種類（Williams, 2005にもとづく）

ォーカス・オン・フォームの定義を最も広く捉えたものであり、フォーカス・オン・フォームの総体を捉える上で、重要な意味を持つ分類である。

フォーカス・オン・フォームと主な外国語教授法との関係は図 5 - 3 （次ページ）のように示される（Long & Robinson, 1998）。意味理解のみを重視した Natural Approach などの focus on meaning と、Audio-Lingual Method などの文法（文型）のみを重視した focus on forms が両極に位置し、その中間にあって、意味理解、意思伝達のための言語活動は重視しながらも、コンテクストの中で文法形式の習得を促そうとするのが focus on form であると言える。Long and Robinson (1998) は、フォーカス・オン・フォームを行う上で骨組みとなるのはタスク中心教授法、内容中心教授法などであると提案しており、注目すべき点である。

フォーカス・オン・フォームの具体的指導技術にはさまざまなものがある。表 5 - 2 （次ページ）はコミュニケーションの流れを阻害する度合の強さの順にフォーカス・オン・フォームの指導技術を配列したものである。

以下、Doughty and Williams (1998) にもとづき、表 5 - 2 に示されたフォーカス・オン・フォーム指導・活動を簡単に紹介する。

(1) **インプット洪水**（input flood）

「インプット洪水」とは、目標言語形式が含まれたインプットを大量に学習者に与えるものである。例えば仮定法を目標言語形式としたときに、仮定法の含まれた文章を大量に、継続的に学習者に与えることである。明示的な文法説明を伴わない、インプット洪水は効果が限られているという報告がいくつかなされている（Trahey & White, 1993 ; Trahey, 1996）。

(2) **タスク必須言語**（task-essential language）

「タスク必須言語」は、指導技術というよりは指導理念であり、特定の言語形式の使用が必須になるような言語活動を行うことが、学習者の注意を目標言語形式に向ける上で効果的であることを示すものである（Loschkey & Bley-Vroman, 1993）。犯人探しタスクにおいて、昨夜午後11時に何をしていたかそのアリバイをたずねることが求められるようなタスクにおいては、過去進行形の使用が必須である。このような条件を満たした活動が文法習得に効果的であると言われている。

focus on meaning	focus on form	focus on forms
・ナチュラル・アプローチ ・イマージョン ・手順シラバス	・タスク中心教授法 ・内容中心教授法 ・プロセス・シラバス	・文法訳読教授法 ・オーディオ・リンガル・メソッド ・サイレント・ウェイ ・TPR ・言語構造シラバス ・概念・機能シラバス

図5-3 フォーカス・オン・フォームと主な外国語教授法（Long & Robinson, 1998にもとづく）

表5-2 フォーカス・オン・フォームの指導方法（Doughty & Williams, 1998；Doughty, 2003）

	阻害しない (unobtrusive) ←——→ 阻害する (obtrusive)					
インプット洪水（input flood）	X					
タスク必須言語（task-essential language）	X					
インプット補強（input enhancement）		X				
意味交渉（negotiation）		X				
リキャスト（recast）			X			
アウトプット補強（output enhancement）			X			
インタラクション補強（interaction enhancement）				X		
ディクトグロス（dictogloss）					X	
意識高揚（consciousness-raising）					X	
インプット処理（input processing）						X
ガーデン・パス（garden path）						X

(3) **インプット補強法（input enhancement）**

「インプット補強法」とは，特定の言語形式を視覚的に目立たせることによって，学習者の注意をその言語形式に向けさせようとするものである。学習者の発達段階に合うなどの条件が整った場合には，形態素の習得などに効果的であることが知られている（J. White, 1998；Alanen, 1998；Jourdenais, et al., 1995；Sharwood Smith, 1991）。

(4) **意味交渉（negotiation of meaning）**

「意味交渉」は，インタラクションにおいて，対話者同志が意思の疎通を共通目標として，フィードバックを返しながら意味の明確化を求めていくことである（Gass, 1997；Long, 1996；Pica, 1994；Van den Branden, 1997）。第3章で確認したように，意味交渉はさまざまな点で第二言語習得を促進する。

(5) リキャスト（recast）

「リキャスト」は，学習者が特定の言語項目について文法的誤りを犯したときに，教師などが，学習者の発話をなるべくそのまま生かしながらも，誤ったところを修正した発話をフィードバックとして学習者に返すものである。言語形式に焦点を当てたフィードバックにはなるが，意味の確認のような雰囲気で学習者にリキャストを与えると，それほどコミュニケーションの流れが滞ることはないので，フォーカス・オン・フォームの有効な手段の1つである。認知比較を促すことも知られている（Doughty & Varela, 1998；Long, Inagaki & Ortega, 1998；Han, 2002）。

(6) アウトプット補強法（output enhancement）

教師のフィードバックによって，学習者に誤りを含んだ文をもう一度アウトプットさせ，仮説修正を促す指導を「アウトプット補強法」と呼ぶ。アウトプットさせることによって，学習者の注意を意味から言語形式にシフトさせることをねらったものである（Takashima & Ellis, 1999；本書第4章参照）。

(7) インタラクション補強法（interaction enhancement）

フィードバックを利用して言語形式に学習者の注意を向けさせる「インタラクション補強法」は，意味交渉やリキャストなどと同様にインタラクションにおいて教師が言語形式に焦点を当てたフィードバックを学習者に与えるものである。誤まりへの気づきを導くインプットと仮説修正を促すアウトプットの機会を同時に与えることをねらっている（Muranoi, 2000；本書第3章末「指導効果の検証(2)」参照）。インタラクション補強法では，準備→タスク活動→講評の流れでタスクを行う「方略的インタラクション」（Di Pietro, 1987, 第3章参照）の指導手順を基盤としているため，タスクの前後に目標言語形式に関する明示的文法説明を必要に応じて組み込み，

暗示的文法学習と明示的文法学習を融合させることが可能である。

　ここまでのフォーカス・オン・フォーム指導技術は全て，コミュニケーション・タスク，特に意味交渉の機会が多く生まれるようなタスクを基盤として展開することができる。

(8)　ディクトグロス（dictogloss）

　「ディクトグロス」は，第4章でも紹介したように，メモを取りながら長めの文章を学習者が聞き，そのメモを元にペアまたはグループで話し合いながら，元の文章をなるべく正確に復元していくという協同的活動である（Kowal & Swain, 1994；Swain, 1998）。文章の復元なので，自然なコミュニケーションとはやや異なるが，学習者に自分の表現能力の限界を気づかせる上で有効なアウトプット活動である（第4章参照）。

(9)　意識高揚（consciousness-raising）

　「意識高揚」は，学習者の文法に関する意識を変えようとするものである。文法問題について目標言語で話し合わせることによって，文法に対する意識を高めることができるという実践報告がある（Fotos, 1994；Fotos, & Ellis, 1999）。

(10)　インプット処理（input processing）

　目標言語項目が含まれた多数の文を意味のある形で配列し，それを学習者に与えることによって，学習者に形式と意味のつながりを深く理解させることをねらう指導を「インプット処理」または「処理指導」（processing instruction）と言う（VanPatten, 1996, 2003）。このような構造化されたインプットを学習者に深く処理させることが，第二言語能力を伸ばすと考えられている（R. Ellis, 1997a）。コンピュータを利用して，構造化されたインプットを体系的に学習者に与える方法なども開発されている（Sanz & Morgan-Short, 2004）。

(11)　ガーデン・パス（garden path）

　学習者が規則を過剰に適応して，誤りを犯すようにわざと導き，誤りが生じたときに，教師がフィードバックを与える指導法。例えば，happier, easier などの-er の比較級を教えた後に，beautiful の比較級を作らせ，*beautifuler のような誤りを学習者が犯すように仕向け，このような「論

理的」な誤りをした後に正しい形式を提示することが効果的であると考える指導法である（Tomasello & Herron, 1988, 1989）。

　上記の意識高揚，インプット処理，ガーデン・パスはフォーカス・オン・フォームの中でも，かなり形式偏重になっているものなので，これらは focus on forms とみなすことも可能であろう。

2. フォーカス・オン・フォームの効果

　これまでに上記のようにさまざまなフォーカス・オン・フォームの形態が考案され，その効果が実証的に検証されてきている。先行研究から，明らかにされたことをまとめると，以下のようになる（Doughty & Williams, 1998 ; Williams, 2005 参照）。

(1)　Form-meaning-function の結びつきの理解を促すフォーカス・オン・フォーム指導は，一定の条件下で第二言語習得を促す。特にコミュニケーション上の価値が低い形式，意味的に不透明な形式に学習者が気づくことを助ける。

(2)　暗示的文法指導と明示的文法指導を融合したフォーカス・オン・フォームは，一定の条件下で第二言語習得を促す。特に，明示的文法指導には目標言語形式が過剰に使用される誤りを抑制する効果があることが報告されている。

(3)　意味交渉（negotiation of meaning）を引き起こすフォーカス・オン・フォームは，一定の条件下で，特に学習者の心理言語的レディネスに合致している場合，第二言語習得を促す。

(4)　アウトプット活動を中心としたフォーカス・オン・フォームは，学習者が自分の中間言語の「穴」，および中間言語と目標言語の「ギャップ」に気づくことを促す。

　フォーカス・オン・フォームが第二言語習得を促すのは，それぞれのフォーカス・オン・フォーム活動が第二言語習得において重要な認知プロセスに影響を与えるからであると考えることができる。気づき，形式・意味・機能のマッピング，中間言語仮説検証，言語知識の自動化などの認知プロセスをフォーカス・オン・フォーム活動が促進するからであると言え

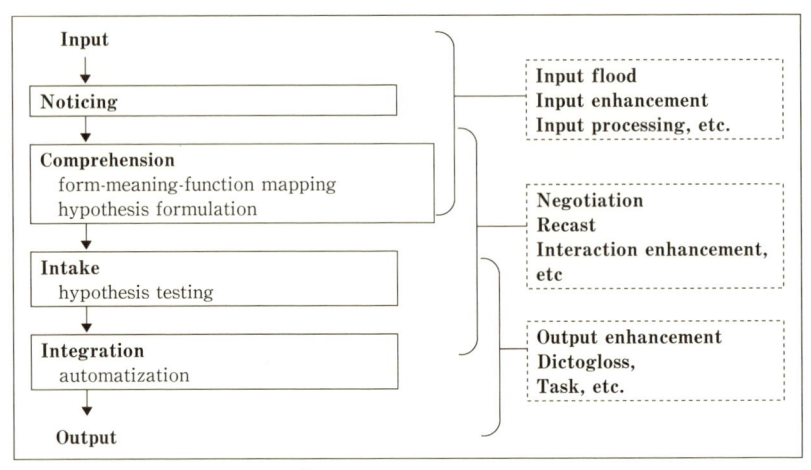

```
Input
  ↓
Noticing                                    ┐  Input flood
  ↓                                         │  Input enhancement
Comprehension                               │  Input processing, etc.
  form-meaning-function mapping             │
  hypothesis formulation                    ┤  Negotiation
  ↓                                         │  Recast
Intake                                      │  Interaction enhancement,
  hypothesis testing                        │  etc
  ↓                                         │
Integration                                 ┤  Output enhancement
  automatization                            │  Dictogloss,
  ↓                                         │  Task, etc.
Output                                      ┘
```

図 5-4　第二言語習得の認知プロセスとフォーカス・オン・フォーム

よう（第1章参照）。主なフォーカス・オン・フォーム活動が，どの認知プロセスと関わりを持つと考えられるのかを概略的に示したものが，図5-4である。

3. 中・高英語教育における「教科書の題材内容を重視した内容中心授業」とフォーカス・オン・フォーム

　Long and Robinson (1998) が言うように，フォーカス・オン・フォームの枠組みには，内容中心教授法（content-based instruction）およびタスク中心教授法（task-based instruction）を用いることができる。内容中心教授法は第1章で確認した通り，日本の英語教育現場では，検定教科書の題材内容を重視することによって可能となる。現行の英語検定教科書の題材内容を重視した内容中心授業を行い，その中で文法・語彙の習得を促す指導を適切に行うことは，フォーカス・オン・フォームの原理に沿うものであり，そのような指導が日本人英語学習者の英語運用能力を伸ばす上で効果的であると予測できる。タスク活動の普及も日本におけるフォーカス・オン・フォーム実践に拍車をかけるものと思われる。フォーカス・オン・フォームという用語を使う，使わないに関わらず，フォーカス・オ

ン・フォームが日本の英語教育に浸透しつつあると言えよう。

＊

　本章では，第二言語運用において柱となる語彙力と文法力はどのように育つのか，そして，それを育てる学習法・指導法にはどのようなものがあるか，フォーカス・オン・フォームの枠組みを使って確認した。ポイントは極めて明解である。コミュニケーション重視の第二言語活動を中心としながら，補助的に語彙や文法の習得を促すことが，第二言語能力を育てる上で極めて重要であるということである。使いながら覚える，これがフォーカス・オン・フォームの原理である。

■指導効果の検証[4] 誘導要約法によるフォーカス・オン・フォームの効果

　第4章で紹介した誘導要約法は，意味のある英文を読み，その内容を自分の英語で要約し，自分の意見，考えをコメントとして付け加えるものである。意味理解重視の活動に，コンセプト・マップを使って学習者の注意を特定の言語形式に向けさせる指導を組み込んでいるため，誘導要約法はフォーカス・オン・フォームの性格を備えている。筆者は，誘導要約法によるフォーカス・オン・フォームが言語形式の習得のために効果的かどうかを一連の準実験（quasi-experiment）を行って検証している（村野井, 2004a, 2005; Muranoi, 2002）。

　現在完了受動態および補文標識 if を目標言語形式とした実験（村野井, 2005）では，これらの言語形式の習得を誘導要約法によるフォーカス・オン・フォームが促すことを示すデータを得た。さらに，同じ実験において，要約における発話の流暢性（fluency）および複雑性（complexity）の向上にも誘導要約法が効果的であることが明らかにされた。誘導要約法によるフォーカス・オン・フォームが効果をもたらすためには，指導が学習者の第二言語発達段階に合っていることが必須であること，口頭および文字の両方で要約を行う方が，文字だけで要約を行うより，より効果的であることなども明らかにされている。

【資料4:自律的フォーカス・オン・フォームに役立つ文法書】

レベル	著者,書名など	特徴
上級	Quirk, R. et al., (1986). *A comprehensive grammar of English.* Longman.	徹底的に包括的な記述英文法書
	Celce-Murcia, M. & Larsen-Freeman, D.(1999). *The grammar book* (2nd ed.).	形式・意味・機能のつながりを重視
	安藤貞雄 (2005)『現代英文法講義』開拓社	文法についての疑問を解く上で役立つ精緻な文法書
	Biber, D. et al., (1999). *Longman Grammar of Spoken and Written English.* Lomgman	コーパス言語学の成果に基づいた話しことばと書きことばの分析
中級	Leech, G. & Svartvik, J.(1994). *A communicative grammar of English* (2nd ed.). Longman.	コミュニケーションのための英文法。概念・機能別の記述
	Swan, M.(2005). *Practical English Usage* (3rd ed.). Oxford UP.	学習者が犯しがちな誤用の例示多数
	安井稔 (1996)『英文法総覧改訂版』開拓社	生成文法の知見の応用。簡潔な例文
	江川泰一郎(1991)『英文法解説改訂第3版』金子書房	英文法書のベストセラー。伝統文法の粋を集めた記述
	石黒昭博 (2003)『総合英語Forest』桐原書店	読みやすさ,分かりやすさの重視
	大西泰斗・P.マクベイ (1995)『ネイティブスピーカーの英文法』研究社出版	文法規則を分かりやすく図解。ユニークな視点
	萩野俊哉(2000)『コミュニケーションのための英文法』大修館書店	英語教師のための文法書。指導に活かせる情報が豊富

第6章
第二言語学習と個人差

――第二言語学習を左右する心理的要因にはどのようなものがあるか・
どのような学習ストラテジーを使えば効果的な学習ができるのか――

　性格，考え方，文化，認識・思考の仕方，好みなど，さまざまな点で人はそれぞれに違っている。第二言語習得は，これらの心理的要素が深く関わっている現象であるため，学習者一人一人が違うスピードで違う道を辿りながら進んでいくと考えるのが自然である。本章では，学習者の個人差（individual differences）が，どのような点において第二言語習得の度合に影響を及ぼすのか，これまでの研究成果に基づいて考察する。

　第二言語学習や第二言語によるコミュニケーションがうまくいかないとき，それは学習者の努力が足りない場合もあるが，学習者の心理的要因が障害となっている可能性も高い。さらに，効率よく第二言語を学習する人（good learners）は，さまざまな学習ストラテジー（learning strategy）を使っていることが知られている。本章では，コミュニケーションしようとする意欲，第二言語学習動機，コミュニケーションに対する不安，認知スタイル，そしてワーキング・メモリー容量などに関する心理的な個人差がどのように第二言語習得に影響を及ぼすのか概観するとともに，効果的な第二言語学習ストラテジーにはどのようなものがあるのかについても論ずる。

❶　第二言語習得を左右する心理的要因

　どのような心理的要因が第二言語学習者の言語運用に関わるのかを把握する上で，MacIntyre, Clément, Dörnyei and Noels（1998）が構築した，「第二言語でコミュニケーションしようとする意欲」（Willingness to

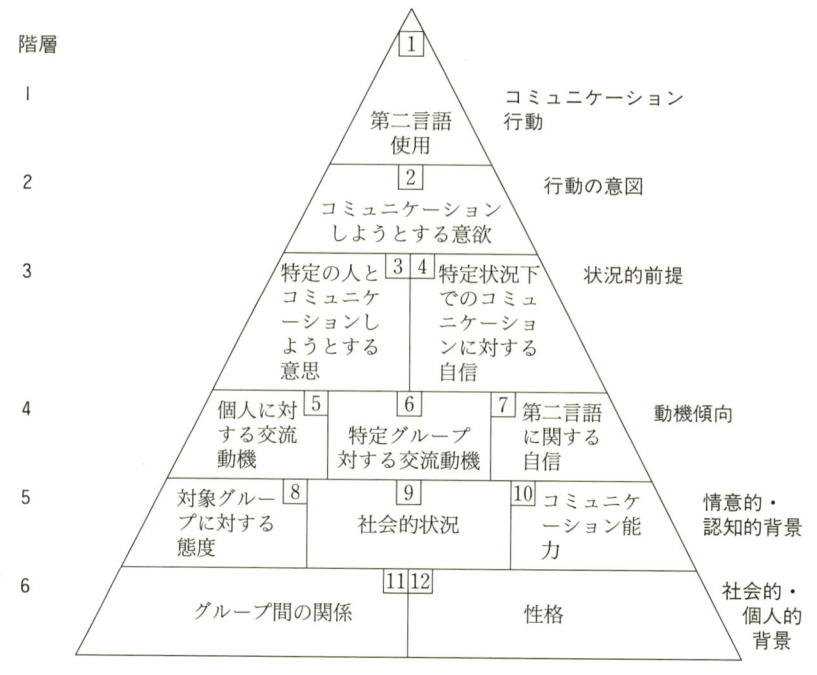

```
階層
 1                    ┌─1─┐                コミュニケーション
                      第二言語              行動
                       使用
 2                   ┌──2──┐               行動の意図
                   コミュニケーション
                   しようとする意欲
 3         ┌特定の人と─3─┬─4─特定状況下┐   状況的前提
           │コミュニケ   │   でのコミュ│
           │ーションし   │   ニケーショ│
           │ようとする   │   ンに対する│
           │意思         │   自信      │
 4      ┌個人に対─5─┬──6──┬─7─第二言語┐ 動機傾向
        │する交流    │特定グループ│  に関する │
        │動機        │対する交流動機│ 自信     │
 5   ┌対象グルー─8─┬──9──┬──10─コミュニケ┐ 情意的・
     │プに対する    │社会的状況│   ーション能│  認知的背景
     │態度          │          │   力        │
 6  ┌────────────11┬12────────────┐        社会的・
    │  グループ間の関係  │   性格        │        個人的
    │                    │               │        背景
    └────────────────────┴───────────────┘
```

図 6-1　コミュニケーションしようとする意欲を左右する要因（MacIntyre et al., 1998）

Communicate in a L2，以下 WTC）の概念とその構成要素（図 6-1）は示唆に富む。

1. コミュニケーションしようとする意欲

　図 6-1 は，第二言語を使ってコミュニケーションすることがさまざまな要因と複雑に絡み合っていることを包括的に示している点が興味深い。第二言語運用（1：L2 use）は，コミュニケーションしようとする意欲（Willingness to Communicate：WTC）がなければ起こりえない。WTCは，特定の人物と話したいと願う気持ち（3：desire to communicate with a specific person），および，その状況の中での第二言語コミュニケーションに対する一時的な自信（4：state communicative self-confidence）などの，一定不変ではなく，状況によって変わりうる要因に影響されている。個人同志の交流を求める動機（5：interpersonal motivation）やグループに対する動機（6：intergroup motivation），および第二言語を使う際の自信（7：L2 self-confidence）が学習者のコミュニケーション意欲を相互に作用し合いながら支えていることも示されている。対象グループに対する態度（8：intergroup attitudes），社会的状況（9：social situation），コミュニケーション能力（10：communicative competence）も，学習者の動機に深く結び付いている。最後に，お互いのグループが置かれている環境（11：intergroup climate），そして学習者の性格（12：personality）の2つが，WTCを左右する，もっとも根源的なものであることが示されている。

　私たちが第二言語で言語使用を行う際には，少なくとも図6-1が示すようなさまざまな心理的要因に影響されながら，コミュニケーションしようとする意欲を高めたり低めたりしていることがわかる。特に，図6-1からは自信や性格などの学習者の内面的な要因ばかりでなく，相手のグループに対して学習者がどう思っているかという，社会文化的に決定される態度も大きく作用することが明らかにされている。つまり，第二言語でコミュニケーションしようとする意欲は，目標言語を話す人たちの社会と学習者の社会の関係という社会的な要因によっても大きく左右されることがわかる（WTCの詳細はMacIntyre, et al., 1998；八島, 2004参照）。

　WTCのモデルは，英語学習においては，英語を使ってどのような人と何のためにコミュニケーションするのかをしっかりとつかむことが決定的に大切であるという，第8章で指摘する考えを理論的に支えてくれるものと言える。英語教師にとってこのモデルは，生徒たちの内部に，英語を話す人たち（英語を学習し，補助言語として用いる人々も含む）および特定の個人と交流したいと思う気持ちを，学習者の英語力，性格，自信などを考慮しながら，育てる必要があることを教えてくれる。「積極的にコミュニケーションを図ろうとする態度の育成」（『中学校学習指導要領（平成10年度版）』）を図る際に，忘れてはならないことであろう。

2. 動機
(1) 統合的動機と道具的動機

　第二言語を身につけようとする動機（motivation）は，第二言語習得の成功の度合を左右する最も大きな要因の1つであると考えられてきており，これまでにさまざまな研究が行われている（Dörnyei, 1994, 2001b, 2003 ; Gardner & Lambert, 1972 ; 八島, 2004 など参照）。

　第二言語習得との関係で最もよく知られているのが Gardner and Lambert（1972）が提案した，「統合的動機」（integrative motivation）と「道具的動機」（instrumental motivation）である。統合的動機とは目標言語を話す人々の集団に自分も社会的・文化的に入り込んでその集団の一員になって，自己を確立したいと願う気持ちを意味する。道具的動機とは，目標言語が学習者を何らかの形で助ける，言わば道具の働きをする場合に，その道具としての言語を手に入れたいと願う気持ちを意味する。就職試験や入学試験で，ある言語，例えば英語の高い得点を得ることが求められるために英語を学習しようとするのは道具的動機によるものと考えられる。社会的な地位を得るためにある言語を身につけようとすること，仕事でその言語の運用能力が必要とされるために学習するということ，どちらも道具的動機によるものと言える。

　さまざまな実験の結果からは，統合的動機は学習意欲を長期的に持続させ，道具的動機は短期的な第二言語学習に有効であると総括することができるが，学習者の文化的背景，学習環境，言語能力などによってまったく異なる結果が報告されることも多い（Brown, 2000 ; 小柳 2004 ; 八島 2004 参照）。Brown（2000）が指摘するように，統合的動機と道具的動機は，必ずしも相反するものではなく，ほとんどの場合，一人の学習者の中に一緒に存在し，状況によってその強さが変わるととらえるのが妥当であろう。

(2) 第二言語動機への教育的アプローチ

　教室環境における第二言語習得に対する学習者の動機は，さらに複雑である。Dörnyei（1994, 2001a）は，教育的視点を重視し，第二言語学習の動機を表6-1のように図示している。

　表6-1は，第二言語に対する学習者の動機は，「統合」対「道具」の二

表6-1　第二言語に対する動機の枠組み（Dörnyei, 1994, 2001a）

言語レベル	統合的動機下位システム 　　（Integrative motivational subsystem） 道具的動機下位システム 　　（Instrumental motivational subsystem）
学習者レベル	課題達成の必要性（Need for achievement） 自信（self-confidence） 　＊　言語使用に対する不安（Language use anxiety） 　＊　自覚している第二言語能力（Perceived L2 competence） 　＊　本来備わっている属性（Causal attributions） 　＊　自己効率感（Self-efficacy）
学習環境レベル 　教育課程に関わる動機要素	（教育課程に対する）興味（Interest（in the course）） （個人のニーズと教育課程との）関連性（Relevance（of the course to one's needs） （成功への）期待（Expectancy（of success）） （学習成果についての個人の）満足感（Satisfaction（one has in the outcome））
教師に関わる動機要素	（教師を喜ばせようとする）親密さを求める気持ち 　　（Affiliative motive（to please the teacher）） （管理的 vs 自律支援的）権限のタイプ（Authority type（controlling vs. autonomy-supporting）） 動機への直接的な働きかけ（Direct socialization of motivation） 　＊　モデルの提示（Modelling） 　＊　タスクの提示（Task presentation） 　＊　フィードバック（Feedback）
集団に関わる動機要素	目標志向性（Goal-orientedness） 規範と報酬のシステム（Norm and reward system） 集団の結束性（Group cohesiveness） （協調的，競争的，個人主義的などの）課題達成に対するクラスの形態（Classroom goal structure（cooperative, competitive or individualistic））

項対立的図式によって簡単にとらえられるものではなく，学習者が何を求めているのか，自分に対してどの程度の自信を持っているのか，現在参加している教育課程（授業，教科書，指導法など）に興味を持ち，満足しているのか，先生に対してどう感じているのか，どのような集団の中で第二言語を学習しているのか，などのさまざまな動機要素と相互作用的に関わっていることを教えてくれる。

どうすれば，生徒の英語学習意欲を高めることができるのか。これは全ての英語教師が抱える永遠の課題であろう。この課題にきちんと対応するためには，ただ単に，「英語は入試に必要だ」，「社会に出たときに有利だ」，「これができたら英語の評定を上げる」などのような，表面的で一面的なアドバイスを与えるだけでは，短期的な効き目はあっても，長期的な影響をもたらすためには不十分であることがわかる。英語学習への動機を高める上で，教師に求められるのはまず学習者をしっかり理解すること，つまり，学習者のニーズ，第二言語能力（本人が自分の能力をどう認識しているかも含む），自信と不安，課題に取り組む際の効率性を的確に把握することが重要である。次に，授業を中心とした教育課程に，学習者が合っているかどうかを知る必要がある。学習者のニーズや関心に教科書内容や科目構成が合致しているかどうか，その教育課程の中で学習者が何を学ぼうと期待していて，その結果をどう自己評価しているのか，把握することを求められる。現在，置かれている学習環境の中で，学習者が満足しているのかどうかが，第二言語学習に対する動機を大きく左右するのは，当然のことであると考えられる。

さらに，教師の教え方が生徒の意欲を高めるものになっているかどうかを確認しなければならない。生徒にどの程度の自律性を与えているのか，教師の指導法，使用する指導技術，実施する言語活動が，学習者の動機を高める上で問題がないかどうか常にチェックすることが求められる。教師と生徒の間の人間関係も大きく動機に作用することも忘れてはならない。加えて注意すべきことは，学習者がどのような学習集団の中で第二言語学習を日々行っているかということである。クラスの雰囲気，人間関係から始まり，学校における評価制度，社会における第二言語習得に対する価値

評価などが，学習者の第二言語に対する動機を揺り動かしている。[1]

　生徒のやる気をいかに高めるかという課題には，このような多角的なアプローチを採って，取り組んでいくことが重要であると考えられる。

(3) **内発的動機と外発的動機**

　動機の研究において，注目されているもう1つの観点は，内発的動機と外発的動機の区別である。Dörnyei（2001b）は，内発的動機を「楽しみや満足感を得るために行われ，他の何かのためではなくそれ自体のために行われた行動を引き起こす動機」と定義し，外発的動機を「何らかの目的を達成する手段として，または，報酬を得る，罰を逃れるなどの道具的な目的を果たすための行為として行われる行動を引き起こす動機」と定義している。英語学習それ自体が楽しくて学習を続けている場合には内発的動機が強く，一方，入試のため，親や教師にほめられるため，職を得るために，言わば他人の意見や社会の要求によって，英語をやらされている状態が外発的動機による英語学習である。[2]

　第8章で論ずる第二言語学習の目的，および第9章で述べる第二言語能力の中身から考えると，教師がより重視すべきなのは内発的動機であろう。第二言語教師は，どのように学習者の内部から第二言語を見につけたいという気持ちが沸くように働きかけるべきなのか，その点について検討する必要があると思われる。

　内発的動機をいかに高めるかを考えるにあたって，参考になるのが，内発的動機の構成要素に関する研究である。認知心理学の分野で内発的動機がどのような要素によって構成されているのかを示すさまざまなモデルが提案されている（上淵, 2004，奈須, 2002など参照）。その中でも，Deci and Ryan（1985）らが唱える，「有能さ」（competence），「自己決定性・自律性」（self-determination / autonomy），そして「関係性」（relatedness）

---

1) 日本人英語学習者の英語学習に対する動機を，「国際的志向性」（international posture）という概念から調べたYashima（2002），Yashima, Zenuk-Nishide & Shimizu（2004）は，学習者が自己と世界の関わりを認識することと学習意欲および英語力の間には相関関係があることを報告している。
2) 内発的動機と外発的動機に関する第二言語習得研究は，八島（2004），小柳（2004），元田（2004），Brown（2000）などにまとめられている。

の3つを内発的動機の柱とした研究は，第二言語学習に対する動機を考える上で示唆に富む。[3]

　有能さについて言えば，これは，英語学習者がある程度英語を使ってコミュニケーションができるという感じ，異文化コミュニケーションが楽しくできたときのうれしさ，これらの「できた」という感覚と深く結びつくものであると考えられる。日本人英語で話してみたら，間違いはたくさんあったし，それほど流暢ではなかったけれど，なんとか交流できた。このような状況での心地よさ，これが内発的動機を高めると考えられる。[4]反対に，母語話者の英語規範を常に目標としてそれに到達することをいつも意識しながら，第二言語学習および言語使用を続けていると，常に付きまとうのは「できない」という無能感である。第9章で述べるが，日本人英語を到達目標とすることは，到達目標を到達可能なレベルに近づけることでもあり，上記のような「有能さ」を認識する機会を増やすと考えられる。

　自己決定性・自律性に関しては，学習者がある程度自分の行動を自分自身でコントロールしながら学習を進めることが，内発的動機を高める上で効果的であると考えられていることに注目すべきであろう。全て教師が言語活動をコントロールする授業より，学習者の自由度が許されるタスク活動の方が楽しく感じられるのは，このような活動では生徒の自律性が保障されているからだと考えることができる。この他，第8章で紹介したように，要約を書く際に学習者の創造性が加味されるように導くこと（絵を加える，自分の意見を加える）も自己決定性を高める指導と言える。

　関係性は，教師，親，友人など「重要な他者」との関係を求める内発的な社会的欲求である。第二言語学習においては，教師から高く評価されたいという意識，友人と協同的に学習しているという認識，第二言語を使う他者と自分が結びついているという自覚などがこの欲求と結びついている。自己の有用性，自律性を，学習者が他者との関係の中で確認できるような

---

3)　内発的動機研究に関する詳細は，上淵（2004），八島（2004），Dörnyei（2001b）を参照。
4)　Schumann（1998）は，動機と関わる重要な要素として「心地よさ」を，目新しさ，目標達成の重要性，解決可能性，社会的イメージ・自分のイメージとともに重要視している（第8章注5参照）。

機会を持つことによって内発的動機が高められると言えよう。

「有能性」,「関係性」,「自己決定性」,この3つを意識した学習および指導を行うことが,第二言語能力を育てる上で重要である。

3. 不安

第二言語でのコミュニケーションに対して学習者が感ずる不安(anxiety)も,第二言語習得の成功の度合を大きく左右する心理要因である。不安とは,自信(self-confidence),自己評価(self-esteem),抑制(inhibition),リスク・テイキング(risk taking)などと複雑に絡みあった心理要因で,心配(worry),恐れ(fear),フラストレーション(frustration),自信の欠如(self doubt),気がかり(uneasiness)などから生じる心理状態である。[5]

第二言語に関わる不安として,Horwitz, Horwitz and Cope (1986), MacIntyre and Gardner (1989) は,以下の3つの不安を挙げている。

(1) コミュニケーション不安(communication apprehension)
(2) 周囲からの否定的な評価に対する恐れ(fear of negative social evaluation)
(3) テストに対する不安 (test anxiety)

この中の,(1)コミュニケーション不安に関して,これまでにさまざまな研究がなされてきている(Horwitz & Young, 1986;元田,2004;八島,2004)。不安の強さと第二言語能力の間に相関関係があることが報告されているが,これらの研究からつかむべき,もっとも重要なことは,学習者が感じる不安の強さは人によって大きく異なるという点であろう。同じ活動でも,学習者によって緊張の度合が異なることを,教師はしっかりと認識する必要がある。

第二言語コミュニケーション不安度の測定方法としては,「コミュニケ

---

[5] ある人が日常的にほぼ常に不安を感じる場合,それは「習性的不安」(trait anxiety)と呼ばれる。一方,特定の状況においてのみ一時的に不安を感じる場合,それは「状態的不安」(state anxiety)と呼ばれる。習性的不安はその人に深く根ざすものであると考えられている(Brown, 2000)。

ーション不安に関する個人レポート」(Personal Report of Communication Apprehension / PRCA) (Horwitz & Young, 1986) をベースにしたアンケートが広く使われている。[6] 図6-2はPRCAの簡略版であるPRCA-10の質問項目である。テストの信頼性，妥当性に問題がないとは言いがたいが，第二言語学習者の不安の度合を簡単に測定できる点で便利なテストである。

【指示】 以下の10の文章について，強くそう思う場合には1，そう思う場合には2，どちらとも言えない場合には3，そう思わない場合には4，全然そう思わない場合には5を記入して下さい。第1印象で答えるようにして下さい。

1. I look forward to expressing myself at meetings. （会議で意見を言うのは楽しみだ。）
2. I am afraid to express myself in a group. （集団の中で意見を述べるのはいやだ。）
3. I look forward to an opportunity to speak in public. （大勢の人の前で話す機会を持つのは楽しみだ。）
4. Although I talk fluently with friends, I am at a loss for words on the platform. （友人と話すときは流暢に話すが，演壇に立って話すと何を言っていいかわからなくなる。）
5. I always avoid speaking in public if possible. （多くの人の前で話すことを，可能な場合にはいつも避けている。）
6. I feel that I am more fluent when talking to people than most other people are. （人と話す時，他のほとんどの人より，自分のほうが流暢に話すと思う。）
7. I like to get involved in group discussion. （グループ・ディスカッションに参加するのが好きだ。）
8. I dislike to use my body and voice expressively. （表現豊かに体や声を使うのは嫌いだ。）

---

6) PRCAはJ.C. McCroskeyによって開発された。PRCAを第二言語習得用に改訂したものが，元田（2004），八島（2003）に紹介されている。

9．I'm afraid to speak up in conversations.（会話において大きな声で話をするのはいやだ。）
10．I would enjoy presenting a speech on a local television show.（地元のテレビ番組でスピーチをすることになったら，喜んでする。）

【PRCA 得点の計算方法】
(1) 項目2，4，5，8，9の得点を足す。
(2) 項目1，3，6，7，10の得点を足す。
(3) 次の式で計算する。
　　PRCA＝3－(1)の合計点＋(2)の合計点

図6-2　コミュニケーション不安測定の質問項目
　　　（PRCA-10, Mejias, Applbaum, Applebaum & Trotter, 1986, p.91 より引用）

　コミュニケーション不安に関して，日本人英語学習者の間でどの程度の個人差が見られるのかをつかむため，筆者は大学生（英文科2年生）138名の協力を得てPRCAによる不安度測定を行った（PRCA-24，Mejias et al., 1987 を使用）。図6-3はその得点の分布を示している。
　図6-3は，同じ学習環境にいる同じ世代の学習者でも不安を感じる度合にこれだけの違いが見られることを示している。同じように見えても，

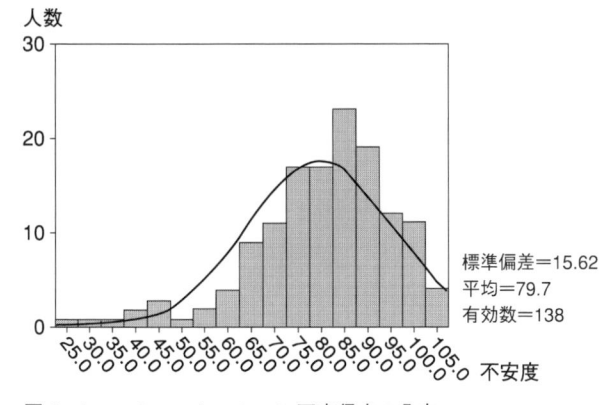

標準偏差＝15.62
平均＝79.7
有効数＝138

図6-3　コミュニケーション不安得点の分布

不安の感じ方は人それぞれだという当然の事実が表わされていると言えよう。

不安を低減するストラテジーとして，Oxford（1990）は，プログレッシブ・リラクゼーション（progressive relaxation），深呼吸（deep breathing），瞑想（meditation），音楽の活用（using music），笑いの活用（using laughter）が効果的であると指摘している。プログレッシブ・リラクゼーションとは，体の主要な筋肉を緊張させることと弛緩させることを交互に行うことであり，深呼吸と併せて行うのが効果的であると言われている。ウォーミング・アップでの音楽の使用，BGMとしての音楽の使用，笑いを誘う活動の導入など，教師が考慮すべき点であると考えられる。Oxford（1990）は，第二言語学習の過程で学習者が感じたことを日記として記録することも，不安になりがちな感情をコントロールする上で効果的であると指摘している。[7]

第二言語教育とカウンセリングを結びつけた指導法であるCurran の Community Language Learning では，教師はカウンセラーとしての働きもすべきであるとされており（横溝1995），不安への対処法を教師はカウンセリングの手法から学べることを示唆している。[8]

4. 認知スタイル

動機や不安などは，学習者の情意的要因が引き起こす個人差であるが，学習者が情報をどのように処理するか，その傾向によっても第二言語習得の個人差が生まれることが知られている。このような情報処理の傾向または好みを「認知スタイル」（cognitive style）と呼ぶ。その中でも，多様な研究が積み重ねられてきているのは，「場独立性」（field independence）と「場依存性」（field dependence）に分かれる認知スタイルである

---

[7] Moriwaki（2005）は，認知行動療法を応用し，英会話の授業中に感じる緊張感を学習者に自己モニター・シートに記入させることによって，緊張感の低減を図ることができると提案している。日本人英語学習者を対象に実験を行い，一定の効果があったことを報告している。
[8] その一例として，学習者の抱く不安に教師がいかに対応すべきかを考える上で参考になるものに「交流分析」（Transactional Analysis）と呼ばれるカウンセリング手法がある（Stewart & Joines, 1987）。"I am OK. You are OK." という考え方を基盤として，人生および自我の見直しを促すものであり，学習者の習性的不安に働きかける方法を探る上で参考になる。

(Brown, 2000)。場独立性の強い人は，細部を全体から切り離して認識・処理することができ，分析的に物事を考える傾向を持つと言われている。あまりにも場独立性が強いと「トンネル視野」と呼ばれるような，ある特定の一部分だけを認識し，他の部分との関係，全体像が見えにくくなってしまう。一方，場依存性の強い人は，細部が全体に埋もれて把握しにくくなるものの，物事の全体像を捉える傾向があり，社会的・対人的スキルに優れていると言われている。

ここで言う「場」(field) とは，心理学的な用語で，単に視覚的な場だけでなく，思考，概念，感情なども含むものとして使われている。場独立性は，従来は，複雑図形の中から単純図形を抜き出す埋め込み図形テスト (embedded figure test) を用いて測定されているが，より妥当性の高い認知スタイルの測定方法が近年開発され，研究に用いられ始めている (Ridings が computer-based Cognitive Styles Analysis として開発し，Littlemore, 2001 が使用している)。

第二言語習得との関係では，場独立性の強い学習者は，文法テストやクローズ・テストなどの分析的な処理を必要とするテストにおいて，場依存性の強い学習者より高い得点を上げること示す研究報告がなされている (Brown, 2000 参照)。場依存性の強い学習者が，コミュニケーション能力に優れているということは，Johnson, Prior and Artuso (2000) によって報告されている。この他，コミュニケーション・ストラテジーの使用において，場依存性の強い学習者はより包括的な (holistic) ストラテジーを使用する傾向があり，場独立性の強い学習者はより分析的な (analytic) ストラテジーを使用することを示すデータも Littlemore (2001) によって報告されている。[9] このような言語運用の細かい面においても，認知スタイルが影響を及ぼすことは興味深い。

認知スタイルに関しても，日本人英語学習者の間でどのような個人差が見られるのかを知るため，日本人大学生に埋め込み図形テスト（筆者作成

---

9) Littlemore (2000) は，包括的なコミュニケーション・ストラテジーとして，radish を 'it's a kind of ball' と表現する例を挙げ，分析的なストラテジーとして，同じく radish を 'it has a red part at the top and a white part at the bottom' と表す例を挙げている。

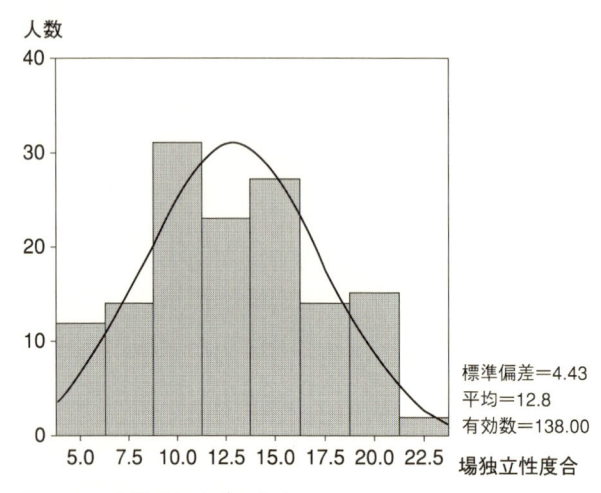

図6-4 場独立性度合の分布

の24項目による mock-test) を受けてもらい，その分布を調べた。図6-4が示すように，場独立性に関しても大きな個人差が見られることがわかった。

　情報処理の傾向である場独立性の度合にこのような個人差が認められるという事実から，第二言語データの処理に関しても学習者間で大きな差があることは容易に予想できる。教師が用いるある1つの提示方法が全ての生徒に合う可能性は，それ程高くないことを示していると言えよう。

　認知スタイル，特に場依存性の測定方法の妥当性に問題があることや，第二言語能力のテスト方法によって相関関係が変わるなど，場依存性・場独立性と第二言語習得の関係についての研究には研究方法上の問題が多いが，これらの研究から私たちは，第二言語学習者は一人一人，情報処理の傾向が違うという重要なことを読み取ることができる。教師が複数の学習者に提示した言語情報が，学習者によって全く違う方法で認識され，処理される可能性があることを，第二言語教師は知っておく必要がある。第二言語学習者にとっても，私たちは一人一人認知スタイルが違うのだから，第二言語学習のある面，たとえば対人コミュニケーション，または，文法的間違い探し問題が不得意だとしても，それで第二言語能力の全てを判断

するのは妥当ではないということに気づくべきであろう。

5. ワーキング・メモリー

個人差を生み出す別の情報処理要因として，ワーキング・メモリー容量（working-memory capacity）がある。人間は一度に処理できる情報の量が限られており，その量は個人によって異なると言われている（苧坂, 1998；太田・多鹿, 2000；門田, 2003；高野, 1995）。

ワーキング・メモリー容量は，リーディング・スパン・テストやリスニング・スパン・テストによって測定され，近年，第二言語習得との関連が調べられてきている。ワーキング・メモリー容量の大きい第二言語学習者の方が，容量が小さい学習者より，自分の誤りに対して教師から与えられたフィードバックに「気づく」可能性が高いことを示す研究報告がある（Mackey, et al., 2002）。

このような点においても，学習者は一人一人異なっているということを教師が認識していれば，学習者が何らかの課題を克服できない際に，単に学習者の努力が足りないからだと一面的に評価してしまうことを避けることができるかもしれない。重要な視点であると筆者は考える。

❷ 第二言語習得を促す第二言語学習ストラテジー

本節では，効果的な英語学習を行うために有効であると考えられる学習ストラテジー（learning strategies）を紹介する。[10] 学習ストラテジーとは，「学習者が習得，記憶，想起，情報の使用などを促進するために行う活動（operation），学習をより容易に，より速く，より楽しく，より自律的に，より効果的にするために，そして，学んだことを新しい状況により適用しやすくするために学習者が採る行動」を意味する（Oxford, 2001）。

---

10) strategy には「戦略」という意味があり，元々は軍事的な用語であった。現在では，非軍事的な事柄に対しても使われ，何らかの課題をより効率よく実行するための「方略」を意味している。計画を立て，段階を踏んで実行し，特定の目標に向かって意識的に何らかの行動を重ねていく過程で行われる行動，心的操作を総称している。

つまり，学習者が自分の学習を促すために行う，さまざまな行動や頭の中で考えること（mental process）を意味している。

第二言語学習においてどのような学習ストラテジーを使うかによって，第二言語習得の成功の度合が大きく左右されることはよく知られている（O'Malley & Chamot, 1990；竹内, 2003；Oxford, 1990）。学習ストラテジーは第二言語習得において個人差を生み出すもう1つの要因なのである。

学習ストラテジーには，大きく分けて以下の6つのタイプがある（Oxford, 1990, 2001）。

(1) 記憶ストラテジー（mnemonic strategies）
(2) 認知ストラテジー（cognitive strategies）
(3) メタ認知ストラテジー（metacognitive strategies）
(4) 補償ストラテジー（compensatory strategies）
(5) 情意ストラテジー（affective strategies）
(6) 社会的ストラテジー（social strategies）

記憶ストラテジーは，語彙や文法などの言語項目をより効率的に記憶するためのストラテジーである。語彙を意味カテゴリーごとに分けて覚えたり，新しく覚えた語彙をコンテクストの中で使ってみたり，意味地図（semantic mapping）を作ってみたりすることが，記憶ストラテジーの例である。

認知ストラテジーは，学習者が目標言語の新しい情報を既知の情報と頭の中で結びつけたり，新しい言語項目について練習を重ねてその項目を自由に操作できるようにしたり，インプットとして取り入れた情報を別の形に変換したりして，目標言語に学習者が頭の中で直接働きかけるストラテジーである。繰り返し練習をしたり，音やスペリングの確認練習をしたり，聞き方や読み方を工夫して情報を素早く理解できるようにしたり，例文の中から規則を見つけ出そうとしたり，訳をしてみたり，メモを取ったり，理解したことの要約をしたりすることなどが認知ストラテジーの例である。

メタ認知ストラテジーは，学習者が自分の学習を管理して，より効果的な学習ができるよう計画を立てて，学習の効果を確認したりするものである。自分の認知スタイルを把握して，自分に合った学習スタイルを見つけ

ること，学習目標を決めること，学習計画を立てること，課題を見つけること，自己チェック，自己評価をすることなどがメタ認知ストラテジーの例である。

　補償ストラテジーは，自分の第二言語能力が不足して，コミュニケーションがうまくいかなくなったとき，それを埋め合わせるためのストラテジーである。言いたいことが出てこないときに，知っている表現で代用したり，相手の言うことが理解できないときに，相手にわかりやすく言い換えてもらうように依頼したりすることが補償ストラテジーの例である。

　情意ストラテジーは，第二言語学習および第二言語によるコミュニケーションを行う際に，渦巻くさまざまな感情をうまくコントロールするためのストラテジーである。前節で触れた不安を抑えるストラテジーや，自分を励ますストラテジーなどがある。

　社会的ストラテジーは，他者と協力しながら効果的に第二言語学習を進めるためのものである。分からないことを誰かに尋ねたり，スタディ・グループを作って一緒に学習したりすることに加え，他者，特に目標言語を話す人々への理解を深めることなども，社会的ストラテジーに分類される。

　本章末の「資料5」は，本書において紹介しているさまざまな英語学習法を上記の分類に従って，まとめたものである。学習者のレベル，学習環境，動機などによってどのような学習ストラテジーを用いるかは全く異なるが，学習ストラテジーのリストの1つとして参考にしていただきたい。この他，ストラテジーのリストとしては，Oxford（1990），竹内（2003），Rubin and Thompson（1994）などに詳細なものが提示されている。この他，生徒の動機を高めるためのストラテジー（教師向け）（Dörney, 2001a），リーディング・ストラテジー（竹内 2003）など，焦点を絞ったストラテジー・リストも提案されており，参考になる。

❸ 個人差を考慮した学習者中心教授法

　第二言語学習における個人差について明らかにされてきたことからは，第二言語教師は，学習者のさまざま心理的面，情意的面に注意を払って指

導を行っていかなければならないことが分かる。まずは，一人一人の生徒がさまざまな点で異なっていることを認識するのが第一歩である。このような，学習者の特性に注意しながらより効果的な指導を行っていくアプローチは「学習者中心教授法」(learner-centered instruction) と呼ばれ，近年，注目を集めている。

　学習者中心教授法とは，教師が学習者に知識や技能を単に注入することを中心とした教育を行うのではなく，教師が学習者のニーズ，学習スタイルに合わせた指導を行うことによって学習者の中でしっかりと学習が起きることをめざす指導法を意味している (Nunan, 1999)。「学習者中心」ということばから，「教師」ではなく「学習者」が授業内容のあれこれを主導的に決めるので教師の役割が薄まるというような危機感を抱く人がいたとすれば，それは全くの誤解である。むしろ，学習者中心教授法においては教師の果たす責任は重くなる。教師中心指導法では，学習者に自分の指導法が合うかどうかはあまり問題にはされない。学習者が教師の教え方に沿って（無理やり合わせることも含め），学習していくのが当然とされるからである。しかし学習者中心教授法では，学習者が何を求めているのか，学習者にどのような役割を果たさせるのか，どのような選択肢を与えるのかなどを，学習者の能力，認知スタイル，学習ストラテジー，心理要因，情意要因を考慮しながら決めていくことが教師に求められる。教師中心教授法に比べ，教師の役割はずっと多くなると言えよう。

　学習者中心教授法では，以下の点が重視される (Nunan 1999)。
(1)　学習者が長期的，短期的に何を必要としているのか適確に把握する。
(2)　学習者が授業においてどのような役割を果たすべきか，どのような貢献ができるか適確に把握する。
(3)　学習者が自分に合った学習方法，学習課題を主体的に選択できるよう配慮する。
(4)　学習者に合った学習ストラテジーを学習者が使えるように指導し，しっかりと学習が行われるように支援する。

　現在，中学校を中心に英語の少人数教育が徐々に浸透しつつあり，授業の中で40人を越える生徒に英語を教えるという極めて無理な状況は少しず

つ改善されてきている。このような転機にこそ，学習者中心指導法は，英語教師の注目を集めるべきアプローチであると筆者は考える。

＊

　本章では，第二言語学習者がどのような点においてそれぞれ異なっているのか考察した。より効果的な第二言語学習を促すためには，学習者自身が自分のことをよりよく理解すること，教師が学習者のことを理解し，学習者に合った指導を展開しようとすることが大切である。

　あたかも光や水を十分に浴びた土の中の種が根を出し，芽を伸ばし，大きな木に育っていくように，学習をより自然に発生させるという視点が大切なのではないだろうか。学習者という容器の中に，知識や技能を同じ方法で注ぎこみ，同じような形をした製品を作ろうとすることは，人間の多様性を考えれば，土台無理であることがわかる。第二言語習得における個人差について知ることは，人間の多様性，複雑性について知ることでもあり，そのような人間を相手に仕事をする第二言語教師のおもしろさを再認識することでもあると言える。

【資料５：第二言語学習ストラテジー・リスト（本書準拠版）】

　以下は，本書で紹介している英語学習法をまとめたものである。チェックリストとして，利用していただきたい。（「章」の欄にその項目を主に扱った章を挙げている。）参考までに「M」の欄に，筆者の勤務する大学の英文学科２年生84名が記入した数値の平均を入れてある。

▶以下の各ストラテジーについて，「とてもよく当てはまる」場合には５，「当てはまる」場合には４，「どちらかといえば当てはまる」場合には３，「たいていの場合当てはまらない」場合には２，「まったく，またはほぼ全く当てはまらない」場合は１を記入して下さい。

	A．記憶ストラテジー	章	M
	語彙力を意図的・体系的に伸ばすため，単語帳を利用している。	5	3.1
	文字だけでなく音声のついた単語帳を利用している。	5	2.7
	語彙力を付随的に伸ばすため，リスニング，リーディングで大量のインプットを取り入れている。	2	2.6
	語彙リストを自分で作ったり，useful expressions をメモしたりしている。	2	2.3
	分野別，概念別，機能別などのカテゴリーを意識した語彙学習をしている。	5	2.2
	関連のある語彙を並べた，またはストーリーの流れを語彙で示した意味地図（semantic map）を作ることがある。	2	1.4
	単語の構成要素（-fort-＝力）を意識した語彙学習をしている。	5	2.8
	単語のコロケーション（abandon＋*pets*）を意識した語彙学習をしている。	5	2.5
	新しく覚える語句を英語で言えるよう英英辞典を使っている。	4	1.8
	単語の反意語，派生語，関連語を意識して語彙学習をしている。	5	3.0

	B．認知ストラテジー	章	M
	覚えようとする語句の発音を繰り返し練習している。	―	3.2
	理解した文章の音読をすることがある。	2	3.3
	音読をするときには，音声を聞いて同時に読むパラレル・リーディングや音声を聞いて文字を見ずに発声するシャドウイングなどをすることがある。	2	2.4
	使いこなせない文法項目に出会うと，繰り返し練習をすることがある。	―	3.0

	決まり文句（I beg your pardon?）や定形表現（I was wondering if...?）などを積極的に覚え，活用しようとしている。	—	3.6
	文章を読むときには，フレーズごとに意味のまとまりを意識して読んでいる。	2	3.8
	文章を読むとき，聞くときには，トピック・センテンスを探すようにしている。	4	3.4
	文章を読むときには，文のつながりを示す，however, therefore などの接続詞に注意して読んでいる。	—	4.1
	意味のわからない単語に出会ったときには，前後関係から意味を推測するようにしている。	—	3.5
	単語の意味を調べるとき，専門用語などはそれに適した大辞典，専門辞典で調べるようにしている。	—	1.8
	難しい構文に出会ったとき，構造を解析しようとしてみる。	—	3.7
	わからない構文に出会ったとき，文法書で確認したり，知っている人に尋ねたりしている。	5	3.5
	複雑な文や重要な意味を持つ文は日本語に訳してみる。	—	4.0
	リスニング，リーディングのときに，重要表現，覚えたい表現をマークすることがある。	2	3.5
	リスニング，リーディングのときに，メモを取りながら読むことがある。	4	3.2
	リスニング，リーディングをして，内容の要約をすることがある。	4	3.3
	リスニング，リーディングをした後で，内容を言ってみることがある。	4	2.5
	リスニング，リーディングをした後で，内容を書いてみることがある。	4	2.2
C．メタ認知ストラテジー		章	M
	自分はなぜ英語を身につけようとしているのかしっかり考えている。	8	3.7
	英語を身につけるということは，どんな力を身につけることなのか，明確な目標を持っている。	9	3.5
	英語学習をいつ，どのように行うか大まかな計画を立てている。	6	2.7
	インプットに触れる機会，対話をする機会，アウトプットする機会を積極的に作っている。	1	2.7
	自分の英語力がどの程度なのか，英語試験を受けて確認している。	—	2.8

D．補償ストラテジー	章	M
リスニング，リーディングのときに，写真，絵，図，見出しなどがあればそれらを見て事前に意味を理解しようとしている。	2	3.9
スピーキング，ライティングにおいて，言いたいことがうまく出てこない場合，知っている表現で言いたいことを置き換えてなんとか伝えようとする。	4	3.7
スピーキングにおいて，言いたいことがうまく出てこない場合，身振りやジェスチャーを使ってなんとか伝えようとする。	3	3.8

E．情意ストラテジー	章	M
英語学習および英語使用について自分が感じることを，教師や他の人に話してみることがある。	6	3.5
英語学習がうまくいったとき（ペーパーバックを読み終えた，英検に合格した，TOEFL スコアが上がったなど），自分にごほうびをあげることがある（映画を見る，物を買う，休む，おいしいコーヒーをいれる，など）。	6	2.7
英語学習および英語使用について自分が感じることを，文字で書き表すことがある。	6	2.3
リラックスして英語学習をするため，音楽を利用することがある。	6	3.1
楽しみのための英語学習（映画鑑賞，ドラマ視聴，音楽鑑賞など）をしている。	2	3.7

F．社会的ストラテジー	章	M
わからないことがあったときには，教師や他の人に助けてもらう。	3	3.6
スタディ・グループなどを作って，他の人と一緒に学習することがある。	3	2.5
目標言語を話す人々の生活や文化について理解を深めようとしている。	9	3.6
他者がどのような考えや感情を持ち，日々暮らしているのかを理解しようとしている。	9	3.5

第7章
社会文化要因と第二言語学習

――社会の中でことばはどのように使われているのか・
英語における配慮表現をどう身につけるか――

　第二言語習得を使って私たちは異文化を持つ人々と交流する。異なる言語，文化を持ち，異なる社会の中で生きている人同士が第二言語を通して意思の疎通を行うわけであるから，第二言語学習を考える際に，社会的・文化的要因が第二言語習得に及ぼす影響を無視することはできない。

　言語と社会の関係は，社会言語学（sociolinguistics）においてさまざまな角度から研究されている（田中・田中,1995；Wardhaugh, 1992 他参照）。社会言語学的観点から第二言語習得および第二言語教育を見た研究も近年活発に行われてきている（川成,2004；Beebe, 1987；McKay & Hornberger, 1996；Preston, 1989；Rose & Kasper, 2001；Wolfson, 1989）。本章では，社会言語能力としてのポライトネスとコミュニケーション・スタイルの違いが引き起こす誤解に焦点を当てて，第二言語学習と社会的・文化的要因との関係について考える。社会言語能力を伸ばすための英語学習法および英語指導法も紹介したい。

❶　社会言語能力としてのポライトネス

　社会の中において人間は，人間関係を維持するためにさまざまな配慮をことばによって示す。相手との親密さを保つための配慮または相手の感情を乱さないための配慮をする。配慮の仕方は，話者の文化によって変わるが，相手に配慮するということは人間に普遍的な社会行動であると考えられている（生田,1997；川村,1996；Scollon & Scollon, 2001）。

1. ポライトネス理論

　相手との円滑なコミュニケーションを保つために，話者が相手に示す配慮を「ポライトネス」（politeness）と呼ぶ。ポライトネスに関する理論として広く使われているのは，Brown and Levinson (1987) のもので，これは「面子」（face）という概念を用いて，ポライトネスを説明しようとするものである。

　コミュニケーションとは人間と人間が顔をつき合わせて行うものであり，常にお互いの「面子」が脅かされる可能性を伴っている。例えば，挨拶ひとつをとってみても，もしも相手に対して発した挨拶（e.g., 「おはよう」）に相手からの返答がなかった場合，挨拶をした人の面子は脅かされる。挨拶された人も，挨拶をしないという行為をとることによって自身の面子が不安定な状態に置かれている可能性が高い。

　何かを頼む際には，対話をする両者の面子がそれぞれに脅かされる。頼む人は断られて気まずい思いをする可能性がある。頼まれた人は，依頼に応えられない場合，依頼を断るという言語行為を強いられる。断ると依頼者の面子を潰してしまい，人間関係にひびが入るから断りたくない，でも依頼に応えることはできない板ばさみの状態におかれる。このような場合，依頼された人の面子は強く脅かされる。このように人間のコミュニケーションには，お互いの面子を脅かす可能性のある言語行為が満ち溢れている。Brown and Levinson (1987) は，このような行為を「面子威嚇行為」（face-threatening act/ FTA）と呼んでいる。

　コミュニケーションにおいて，私たちは面子が脅かされる度合をなるべく下げようとして，いろいろなポライトネス・ストラテジーを使う。FTA自体を避けることや，暗にほのめかすこと，場合によっては，直接意思を伝えることが相手に対して配慮を示すことになりうる。

　Brown and Levinson (1987) によれば，話者が守ろうとする面子には2つの種類がある。1つは，「ポジティブな面子」（positive face）で，これは相手に自分のことをよく見てもらいたい，自分に関心を持ってもらいたい，親しいものとして交流してほしいという欲求である。もう1つは「ネガティブな面子」（negative face）である。これは，相手から自分の

領域にズカズカ入ってほしくない，相手に指図されずに自由にしていたい，相手から離れていたいという欲求を表したものである。

相手のポジティブな面子に配慮することがポジティブ・ポライトネス（positive politeness）であり，一方，相手のネガティブな面子を脅かさないために示す配慮がネガティブ・ポライトネス（negative politeness）である。

例を挙げよう。以下の例において，Aは，Bに依頼をしている。お互い友人でありながらも，下線部①のような相手に依頼を予想させる依頼先行発話（pre-request）を予め行うことや，wonderを過去進行形で使って希望を自問すること（下線部②）および仮定法（下線部③）を使うことによって，面子が脅かされる度合を下げようとしている。過去進行形では，希望していたのは過去の一瞬であるので，今なら断られてもかまわないというニュアンスを伝えるので，相手にとって断りやすさが増す。仮定法は，希望がかなえられないことを前提にしているため，これも相手の気持ちに配慮した表現になる。これらの言語形式を使うことによって，なるべく相手の自由を侵害しないように配慮しているわけで，これらの表現はネガティブ・ポライトネスを表すものと考えられる。話者Bは，依頼に応えられないという状況ではあるが，明確な理由を示すこと（下線部④），もし他に頼める人がいなければ再考するという一種の対案（下線部⑤）を出すことによって，Aに対する好意を示そうとしている。これらの発言はBのAに対するポジティブ・ポライトネスであるとみなすことができる。

A: Mike, you know we are going to have psychology exam next week?

B: Yeah?

A: Well, the thing is, I guess I lost the textbook. I can't find it.

B: Oh, really?

A: Yeah. I am really busy next week, so ①I want to prepare for the exam this week. And I ②was wondering if you ③could let me use your textbook for a few days if you don't mind.

B: I see. Um, ④I'd love to, but actually I also have an economics

exam next week so I was going to study for psychology this week.
A: Oh, then, don't worry. I can ask someone else.
B: Are you sure?
A: Yes, don't worry.
B: OK, but ⑤if you can't find anyone else, let me know, maybe we can study together.
A: Sure, thanks.

　ポライトネス理論では，面子が脅かされる度合は依頼などの特定の行為が相手に対してどの程度の負担になるか（軽い負担：「鉛筆を借りる」；重い負担：「車を借りる」)，対話者間の社会的な距離（近い：「よく知っている人」；遠い：「1回限りの出会いの人」)，および両者の力関係（上下関係：「上司と部下」，「客と店員」）という3つの要因によって決まると考えられている。この3つの要因をどのように感じるかはもちろん個人によっても違うし，文化および社会によっても異なる。上記の「教科書を借りる」という行為が比較的負担なくできる状況もあれば，依頼された人に重い負担となってのしかかる場合もある。力関係についても，文化によって認識の仕方に違いがあるはずである。例えば，日本の会社の上司と部下の間の力関係と，米国の会社のそれとでは，違いがあって当然である。

　対人コミュニケーションおよび異文化間コミュニケーションにおいては，これらの違いからさまざま問題，つまり「誤解」が生じる。異文化間コミュニケーションにおいて第二言語を使用する学習者（第二言語使用者）も，以下で見るように，つねに，いろいろな局面でこのような問題に直面している。

2. 第二言語使用におけるポライトネス

　第二言語学習者にとって，上記のようなポライトネスを第二言語で適切に表現するのは難しい。物事の負荷，社会的距離，人間関係（力関係）は社会文化的に決められるものであり，目標言語の社会・文化においてこれらの3つがどのように認識・評価されるのかを理解するまでには時間がかかるからである。

第7章 社会文化要因と第二言語学習

　アメリカ合衆国での買い物を例として考えてみよう。ショッピング・モールにあるお店に立ち寄るとほとんどの場合，店員が Hi！How are your doing? と挨拶をしてくれたり，May I help you? と声をかけてくれる。このような対応がわずらわしいと日本人が感じた場合，その瞬間その日本人は日本語のポライトネス・システムを持ち込んでいることになる。日本における買い物の習慣では，店員は「いらっしゃいませ」の挨拶以外は，客の方から話しかけない限り，客とコミュニケーションをとろうとはしないことが多い（もちろん，例外はあるし，店の種類によっても違いはあるが）。「わずらしい」と感じたのならば，この日本人のネガティブな面子，つまり他の人から邪魔されたくないという欲求が脅かされたことになる。もしも，店員の挨拶や声掛けに対してこの日本人が何も答えず，目を合わせることもしないとすれば，この店員のポジティブな面子，つまり相手との距離を縮めたいという欲求が脅かされることになる。「買い物」という営みを人間と人間との関わり合い，つまりコミュニケーションとして捉える度合の強い文化と，商品と金銭のやりとりとして捉える度合の強い文化の違いがここに現れていると言えよう。このように，第二言語学習者が母語のポライトネス・システムを目標言語を使う際に持ち込んでしまうと，対話者の間で誤解が生じることがある。つまり，母語の転移（transfer）によって，対話者の面子が脅かされる度合が高まる可能性がある。

　第二言語使用において面子が脅かされる度合が高まるケースとして，言語形式の機能が十分に習得されていないということもありうる。例えば，依頼という機能を果たすために，以下のようにI would like（人）to 動詞の形式を使用したとすると，依頼する事柄が相手に与える負担の重さによっては，相手のネガティブな面子を傷つけてしまい，「なんと横柄なやつだ」という誤った印象を与えてしまう可能性がある。

　（上司に対して）：I would like you to move these packages to the 10th floor.

　逆に，以下の例のように相手がたやすくできることを，丁寧すぎる形式で依頼した場合はどうだろう。

　（友人に対して）：I wonder if you would let me use your pen.

この場合，友だちだと思っていた相手のポジティブな面子は脅かされる。「そんなに遠い関係だったの？」「なんて水くさいの？」などの誤った印象を与える可能性が高い。話者に対して近づこう，親しくしようという相手の面子に冷たい水をかけるようなことになりうる。

3. コミュニケーション・スタイルとしての関与と独立

　Tannen (1987) は，このような異文化間で起きる誤解を「関与」(involvement) と「独立」(independence) という概念で説明している。関与とは，人間が持っている他者と関わりたいという欲求，親しくありたいという欲求であり，Brown and Levinson のポジティブな面子とほぼ同じものを表している。独立とは，他者から離れていたい，距離を保ちたい，一人でいたいという人間の欲求を意味している。ネガティブな面子とほぼ同じである。Tannen の理論が Brown and Levinson のものと異なるのは，人間がこの2つの欲求に同時に縛られていることを指摘している点である。人と近づきたいという気持ちと人から離れていたいという気持ちは，どちらか一方に完全に傾くのではなく，この2つが割合を変えながら混ざりあっていると考えられている。この2つの欲求に人間が縛られていることを，Tannen は哲学者ショーペンハウアーのヤマアラシの比喩を引用して説明している。ヤマアラシは寒いときに仲間と体を寄せ合うが，あまり近づくとお互いの体の針がお互いの体を傷つけるので一定の距離を保たなければならない。痛くなくて，かつ，他者の暖かさを最も強く感じられる距離を保ちながらヤマアラシは寒さに耐える。これはまさに，近づきすぎると傷つき，離れすぎるとさびしいという人間の条件を表しており，関与と独立の2つの欲求に常に縛られている (double bind) 状態を表していると Tannen は指摘する。

　異文化間コミュニケーションでは，この関与と独立のバランスのとり方が，文化によって異なるため，誤解が起きるのである。前述のアメリカで買い物をする日本人の例では，店員は客に関わりたいという気持ちとあまり干渉しないでおこうという気持ちの両方を持っていると考えられる。客である日本人も「干渉されたくない」という気持ちと一緒に「気にとめら

れたい」という気持ちもあると思われる。このバランスの違いは以下のように図示すると理解しやすいと筆者は考える：

アメリカ人店員	関与	独立

日本人の客	関与	独立

　このような関与と独立のバランスのとり方の違いが，異文化間の誤解を生むと考えられる。[1]ギクシャクした人間関係（親子関係，男女関係など）は，このような両者の関与と独立のバランスのとり方のずれから説明できることが多い。

　このような異文化間の誤解を，第二言語学習者はなるべく避けるように努力すべきなのであろうか。筆者は必ずしもそうだとは思わない。このようなバランスの違いは目に見えるものではなく，短い時間で気づくことができるものではない。むしろ，このような誤解は，異文化理解を進める上で，文化の違いに気づく重要なきっかけになるのではないだろうか。異文化コミュニケーションにおいて，何か気まずい状況に陥ったとき，自分の面子が脅かされたとき，そこでいやな感情を持つだけで終わるのではなく，なぜそのような状況になったのかを冷静に考えると，そこから異文化，そして人間の特徴が見えてくることもある。第二言語学習者は，異文化コミュニケーションにおいて誤解が生じたとき，そのような対応をする準備をしておけばよいのではないだろうか。

　さらにもう1つ，第二言語学習者にとって考慮すべき重要な点がある。それは，第二言語学習者が目標言語の社会的・文化的規範に合わせて第二言語を使用できるようになることが常に求められるのかということである。目標言語が話されているコミュニティの一員となって，その社会に溶け込みたいと願うのであれば，それは必要なことであろう。[2]しかしながら，

---

1) Tannen（1987, 1994）の理論において，異文化とは民族の違いだけではなく，性，世代，階級などの違いを含む広い意味で使われている。
2) 　日本の角界における外国人力士たちが，日本語の高い社会言語能力を身につけていることは，角界という社会，相撲部屋という社会に自分を溶け込ませることが，力士としての成功の条件になっているからだと推測することができる（宮崎，2001参照）。

141

自文化を大切にしながら，自分の社会に生きる人間として第二言語を使用する場合，目標言語の社会的・文化的習慣に基づいた言語使用を常に目指す必要性はそれほど高くないと筆者は考える。特に，英語のような国際補助言語を使ってさまざまな文化を持つ人とコミュニケーションする場合，目標言語を使うコミュニティとは極めて広いものであり，その全ての社会・文化におけるポライトネス・システムやコミュニケーション・スタイルを理解することは限りなく不可能に近い。大切なのは，完全に相手に合わせようとすることではなく，相手と自分の配慮行動や関与と独立の表し方には違いがあることをまず認識すること，相手の社会文化的な言語使用の仕方に敏感であること，そして，違いに気づいたときにその違いを相互理解のために活かそうとする姿勢を持つことであると筆者は考える。

❷ 社会言語能力を育てる英語学習法

　第二言語学習者が，目標言語の社会的・文化的規範に完全に合わせて第二言語を使用する必要は高くないが，一定の理解をすること，および不要な誤解を招かない基礎的な社会言語能力は身につける必要がある。そのための効果的な学習法として，第二言語でさまざまな機能を果たす上で役に立つ文献を利用すること，および，映画・ドラマの活用を活用して，社会言語的知識を意識化することなどが挙げられる。

1. 機能重視の表現集の活用

　人が言語を使って何らかの機能を果たそうとする際，同じ機能がさまざまな言語形式で表される。その使い分けは，相手に対して配慮しようという普遍的な人間の特質から生じるもので，相手との人間関係，距離，事柄の性質によることを前節で確認した。

　実際にどのような機能がどのような言語形式で表されるのかを解説した文献は，数多く出版されており，良質なものが増えてきている。ここでは，英語における言語形式と言語機能のつながりを把握する上で，特に役立つと筆者が考える文献を紹介する（これ以外にも多数出版されている）。

(1) 鶴田庸子・ポール・ロシター・ティム・クルトン（1987）『英語のソーシャルスキル』大修館書店
(2) 東照二（1994）『丁寧な英語・失礼な英語：英語のポライトネス・ストラテジー』研究社出版

この2冊はどちらも通読するために書かれており，ひと通り読むと英語のポライトネス・ストラテジーが包括的に理解されるように書かれている。

(3) Yoshida, K. & Sophia University Applied Linguistics Research Group (2000). *Heart to Heart : Overcoming Barriers in Cross-cultural Communication.* Macmillan Languagehouse.

「ほめる」，「ほめことばに反応する」，「感謝する」，「苦情を言う」，「苦情に応える」，「依頼する」，「断る」，「謝る」，「提案する」，「反対する」などの機能を果たす能力を伸ばすために書かれた授業用テキストである。談話完成タスク，リスニング，対話，表現リストなど多彩な活動が盛り込まれている。語用的転移についての研究結果も注として示されている。

(4) Kirkpatrick, B. (2004). *English for Social Interaction : Social Expressions.* Learners Publishing.

30の主要な機能に関して，それぞれに1章をあて，それぞれの機能の典型的な表現例を並べた文献である。各章の冒頭に，短いストーリーがあり，その中に特定の機能を表す言語形式が多数，巧みに組み込まれている。通読すること，リファレンスとして使うこと両方に向いている。

この他，Jones and von Baeyer（1983）（英会話テキスト），Blundell et al（1981）（機能別詳細リスト）など，さまざまなものが出版されている。これらの文献を適宜使用することによって，ポライトネス・ストラテジーおよび言語・形式のつながりに関する知識を増やし，意識化することが可能になる。

2. 映画・ドラマを利用した英語学習

第5章❸-2.でも紹介したように，言語の形式・意味・機能のつながりを把握する上で，映画やドラマを使って対話を分析することは効果的である。人間関係や設定・状況を理解した後に，「依頼」，「断り」，「謝罪」な

どの機能がどのように果たされているのかに注目しながら、スクリプトをチェックすると、さまざまな表現を見つけることができる。以下のように機能ごとにリストにしておくと、記憶に残りやすい。

機能：依頼 (request)	P	D	I
Do you mind if I speak to him alone for a minute? (*Thelma & Louise*)	0	−	−
I was, ... I was hoping I could just convince you to come with me. (*Field of Dreams*)	−	＋	＋
Would you mind telling me what's going on? (*ER Ⅷ*)	−	−	＋
Will you both shut up? (*ER Ⅷ*)	0	−	−

＋/−P, ＋/−D, ＋/−I の記号はそれぞれ、力関係（power：＋は自分の立場が相手より上、−は下）、社会的距離（social distance：＋は相手との距離が遠い、−は近い）、負担（imposition：＋は問題になっている事柄が相手に与える負担が重い、−は軽い）に関する情報を表している。このようなパーソナルな機能別リストを作ることによって、形式・意味・機能のマッピングを促すことができる。

❸ 社会言語能力を育てる英語指導法

社会言語能力を伸ばすための指導法として、まず、英語学習者の語用論的能力を診断するために開発されたタスク（テスト）を紹介する。これを受けることによって学習者は、英語におけるポライトネスがどのように表現されるのかを意識することができるようになる。その次に、コミュニケーション・タスクの活用について紹介したい。

1. 談話完成タスク

第二言語学習者の語用的誤り（pragmatic transfer）に関して、いくつかの研究が行われており、特に「依頼」、「断り」、「謝罪」などの面子を脅

かす度合が高い機能（発話行為とも呼ぶ）において，第二言語学習者がどのように母語の知識を転移するのかが調べられている（研究の動向については，川成,2004；Cohen, 1996; Kasper & Blum-Kulka, 1993; Rose & Kasper, 2001などを参照）。

このような研究成果に基づいて，Hudson, Detmer and Brown（1995）は，第二言語学習者の語用能力を測る談話完成テスト（discourse completion test）を開発している。このテストでは，「依頼」，「謝罪」，「断り」の3つの発話行為（speech act）に関して，学習者に談話を完成させるタスクを与え，学習者の語用能力を測っている。1つのテストには，「対話者間の相対的な力関係」（power），「対話者間の距離」（social distance），行為が関わる事柄の「負担」（imposition）の3つの要因を変えた24の項目が含まれている。テストには，3択式のもの，記入式のもの，ビデオ録画を伴うものなど，さまざまなバージョンが作られている。Hudson et al. (1995) のフォーマットに習い，「依頼」，「謝罪」，「断り」，「苦情」，「賞賛」などの機能に関して，筆者が作成した談話完成テストの例を本章末の資料6に示す。

資料6に示したような「力」，「社会的距離」，「負担」を意識した談話完成テストによって学習者の社会言語能力を診断し，指導に活かすことができる。また，このようなテストを受けることによって，学習者が英語のポライトネス・ストラテジーを意識することにもつながると期待される。

2. コミュニケーション・タスク

第3章で紹介したコミュニケーション・タスクは，教室の中に現実感のある言語使用の機会を作る上で，非常に効果的な活動である。タスクが現実的であればあるほど，学習者が社会言語能力を使って課題を遂行することが求められる。

その一例として，問題解決型のタスクである「方略的インタラクション」（strategic interaction, Di Pietro, 1987）を使った指導法を考えてみよう。シナリオを使って解決すべき課題を与える際に，対話者の人間関係，力関係を工夫して提示すれば，ポライトネスに配慮してタスクに取り組む

ことが必須となる。例えば，以下のようなシナリオAとシナリオBを用いて，ポライトネスを決定する3つの要因が指定された課題を設定することができる。

【シナリオA】（+Power, −Social distance, +Imposition）
　あなたはファースト・フード店のマネージャーです。バイトの1人が急に休むことになったので，別のバイトの人に今日の夜，3時間残業してもらうよう頼まなければなりません。そのバイトの人は，今日は既に8時間働いていて，明日大学でテストがあると言っていたことをあなたは知っています。その人はあなたより年下です。

【シナリオB】（−Power, −Social distance, +Imposition）
　あなたはファースト・フード店でバイトをしています。今日は8時間働いて勤務時間が終わりました。疲れているので早く帰ろうとしたら，マネージャーが来て，バイトの1人が急に休むことになったので，今日の夜3時間残業してもらえないかと言っています。あと1時間ぐらいは残ることもできますが，明日大学でテストがあるので今日はできれば今帰宅したいと思っています。あなたより年上であるマネージャーの依頼に対応して下さい。

　このようなタスクを方略的インタラクションの手順（準備→タスク活動→講評：第3章参照）に従って適切に行うことによって，学習者がポライトネス・ストラテジーを身につけるのを促すことができる。
　異文化コミュニケーション研究の分野では，このような問題解決型の言語活動を，異文化コミュニケーションのシミュレーションとして行う指導方法が多数構築されている。これらの異文化シミュレーションでは，対象とする文化・社会をより限定的に明示して（例：タイ派遣日本人企業員用カルチャー・アシミレータ，鍋倉，1998），より具体的な異文化情報を与えながら学習者に異文化交流疑似体験の機会を与えている。特に，八代他（2001）に紹介されている異文化コミュニケーション・スキルを育てる方法は，英語教師にとっても示唆に富むものである。

*

　本章では，社会・文化要因と第二言語学習の関わりをポライトネスに焦点を当てて考察し，社会言語能力を高める英語学習法，英語指導法を検討した。社会と言語の関係については，Vygotsky の考えを基盤とした「社会文化理論」(sociocultural theory, Lantlof 2000, 2005)，目標言語が話される社会への心的態度を重視した「文化変容モデル」(acculturation model, Schumann, 1978)，対象社会と自分の間に学習者が感じる流動的な関係を重視した「応化理論」(accommodation theory, Giles & Byrne 1982) など，本章で触れられなかった重要な研究アプローチが数多くある。今後，さらに社会言語学および異文化間コミュニケーション研究と第二言語習得研究の接点が増えていくことが予想される。

【資料６：談話完成テスト】

以下は，「依頼―断り」（状況１と２），「謝罪―謝罪への対応」（状況３と４），「苦情―謝罪」（状況５と６），「賞賛―賞賛への対応」（状況７と８），「誘い―断り」（状況９と10）の５組の機能を英語で適切に果たすことができるかどうかを診断する「談話完成テスト」（Discourse Completion Test）の例である。このようなテストを教師が学習者のレベルに合わせて独自に作成して利用すれば，学習者の社会言語能力を把握することができる。また，以下のテストを使って英語学習者が自分の社会言語能力を自己診断することもできる。英語母語話者の反応例を添えてあるので，参考にしていただきたい。

◆談話完成テスト

[指示]　あなたが，現在英語が使われている地域に住んでいて，以下の１から10の状況にいると仮定して下さい。それぞれの状況において英語でどのように言うか，書いて（または声に出して言って）下さい。

【状況１】
　あなたは留学中の大学院生です。大学の図書館でパートタイムで働いています。明日，６時間のシフトがありますが，長いレポート（essay）の締め切りが明日までなので，同じ仕事をしている大学院生（Joe）に，明日のシフトを代わってもらえないか，頼む必要があります。依頼をして下さい。

【状況２】
　あなたは大学院生（Joe）です。大学の図書館でパートタイムで働いています。明日，働く予定ではありませんが，同じ仕事をしている大学院生から，６時間のシフトを代わってもらえないかと急に頼まれました。あさってテストがあるので，代わることはできません。半分の３時間なら代わってあげてもいいかなと思っています。依頼に対応して下さい。

【状況３】
　あなたは大学生です。友人（Susan）から借りた必修科目用の大切な教科書をどこかに失くしてしまいました。どのように謝りますか。

【状況4】

あなたは大学生です。友人に必修科目用の本を貸したところ，友人はそれを失くしてしまいました。友人は謝っています。謝った上に本を買って返すと言っています。このような場合，どのように対応しますか。

【状況5】

あなたはあるアパートに住む大学生です。アパートの隣の家に住んでいる人が買っている犬の鳴き声がとてもうるさくて困っています。今，その人が犬と一緒に庭にいるので，困っていることを伝えて下さい。

【状況6】

あなたが自分の家の庭で飼い犬と一緒にいたら，隣のアパートに住む大学生がやってきました。その学生は，犬の鳴き声がとてもうるさくて困っていると言っています。迷惑をかけていることには全く気づきませんでした。この苦情に対応して下さい。

【状況7】

あなたはある学校に勤務する教員です。明日は休日なので，今晩外食しようと思います。同僚（同性）を誘おうと思います。その同僚とはよく一緒に外食しています。同僚を食事に誘って下さい。

【状況8】

あなたはある学校に勤務する教員です。同僚（同性）から今晩食事に誘われました。今日の夜は，歯医者に行く予約があるので誘いに乗れません。同僚の誘いに対応して下さい。

【状況9】

あなたはある会社の会社員です。同僚を自宅に招いてちょっとしたパーティをしようとしています。参加する人は食べ物を一品ずつ持ち寄ることになっています。同僚の一人（Steve）が手作りピザを持ってきました。とてもおいしそうなピザです。褒めて下さい。

【状況10】
　あなたはある会社の会社員です。同僚が自宅で行うパーティに招かれました。食べ物を持ち寄るパーティなので，ピザを手作りで作りました。作るのに時間がかかり，結構うまく出来上がりました。同僚はピザをとても褒めてくれました。その賞賛にあなたはどのように反応しますか。

◆談話完成テストに対する反応例

　上記の状況1～10に対して英語母語話者（米国人男性）が記入した反応例を以下に示す。あくまでも反応の一例として参考にしていただきたい。本章で紹介したポライトネスの視点から見た留意点も加えてある。

【状況1】機能：依頼
　Joe, I've got a major essay due tomorrow and so I was wondering if you could cover my shift tomorrow so I can work on it.
［留意点：依頼先行発話（依頼をほのめかす発話）を行い，面子を脅かす度合を下げる。ネガティブ・ポライトネスに配慮した依頼を行う。］

【状況2】機能：断り
　I'd like to help, but I've got to study for a test, myself. I might be able to cover half of your shift if that would help.
［留意点：断る理由を具体的に示す。対案（代わりにできること）を示すことによって，ポジティブ・ポライトネスを示す。］

【状況3】機能：謝罪
　Susan, I am sorry but that book you loaned me, I can't find it anywhere. I must have left it somewhere. I'm so sorry. Of course I'll replace it.
［留意点：謝意に加え，どのように埋め合わせるか具体的に示す。］

【状況4】機能：謝罪の受け入れ
　That's all right. Don't worry about it. As long as you get me another copy.
［留意点：謝罪を受け入れられる場合には即座に受け入れ，ポジティブ・ポライトネスを示す。］

【状況5】機能：苦情
　Excuse me. Hi, I'm Steve, I live in the apartment next to you. You know, I hate to mention this to you, but your dog has been barking a lot recently. It's actually making it hard for me to focus on my studies.
［留意点：苦情を間接的に表すことによって面子を脅かす度合を下げる。］

【状況6】機能：謝罪
　I had no idea he was causing such a disturbance. I'll try to see that he's quieter from now on.
［留意点：謝罪を直接的に行う。具体的な対応策を示す。］

【状況7】機能：誘い
　Bob / Mary, how about we get a bite tonight？
［留意点：直接的に誘うことによって，ポジティブ・ポライトネスを示す。］

【状況8】機能：断り
　Sorry, I'd love to, but I have a dentist's appointment. Another time, though.
［留意点：謝意または誘いを受け入れたい気持ちを示すこと，断る理由を具体的に示すこと，および対案を示すことによってポジティブ・ポライトネスに配慮した反応を行う。］

【状況9】機能：賞賛
　Steve, this pizza is unbelievable. Did you really make it yourself？
［留意点：ポジティブ・ポライトネスを示すため直接的に褒める。］

【状況10】機能：賞賛に応える
　Thanks, I'm glad you like it. The recipe's in my family for ages.
［留意点：賛辞に対する感謝の意を示し，相手の示すポジティブ・ポライトネスに配慮する。］

第8章
第二言語学習の目的

——なぜ第二言語として英語を学ぶのか——

　本章では，なぜ私たちは第二言語を身につけるべきなのかという根本的な問題について考える。母語以外の第二言語を身につけるということは，私たち人間にとってどのような意味を持つのだろうか。何らかの重要な意味を持つことは多くの人が認識していると思うが，真剣に考えたことのある人，意義をはっきりと説明できる人は意外と少ないのではないだろうか。特に，日本のように，義務教育である中学校から英語が主要科目の1つになっていて，入試や就職試験でも重視される環境においては，はじめから英語は大事だと思い込まされてしまうために，英語学習がなぜ必要なのかという問題に思いをはせる機会が奪われているような気がしてならない。その結果，第二言語を本当に必要なもの，大切なものとして求める気持ちが育ちにくくなっているケースが少なからずあると筆者は日本の中・高・大学生と接しながら感じている。

　第二言語を身につけることは，その人の考え方や生き方に大きく関わる深く豊かな行為である。このことを，第二言語学習者がまずしっかりと把握する必要がある。そのことを考える機会を持たずに英語を学習したり，教えたりするのは，もっとも大切なところが抜けているように思われてならない。第二言語を身につけることによって私たちに備わる「力」（power）と「光」（light）という2つのキーワードからこの問題を考えてみたい。

❶ エンパワーメントとして第二言語学習：共生のための力

1. 人と人をつなぐ第二言語の力

　第二言語を身につけることによって，より多くの人と心を通わせるための力を備えることになる。このかけがえのない力を第二言語学習によって私たちは得ることができる。この点において，第二言語学習は一種のempowerment，「力を与える営み」であると言える。第二言語，中でも英語によって多くの人とのコミュニケーションの機会が広がること自体は自明であるが，「多くの人」とは誰のことであるかは意外と意識されていないことが多いのではないであろうか。ここでは，英語が持つ人と人をつなぐ力に焦点を当て，私たちは英語で誰と対話ができるのか考えてみたい。

　英語を使ってつながることができる「多くの人」とは，自分とは母語の異なる人である。決して英語を母語として話す人たちだけではない。国際補助言語としての英語（English as an international auxiliary language）[1]によってつながるのは，(1) 英語を母語として話す人たち，(2) 英語を公用語・準公用語として話す人たち，そして (3) 英語を補助言語として話す人たちである。英米人と日本人が英語を通して意思の疎通をするだけでなく，イラク人と日本人，ベトナム人と韓国人が国際補助言語である英語を使ってコミュニケーションすることができるのである。上記の3種類の英語使用者の合計は少なく見積もっても約16億人と言われており，世界の人口の約3分の1弱にあたる。これだけの数の人間と自分をつなぐ力に英語はなりうる（Crystal, 1997 ; McKay, 2003）。

　国際補助言語が必要となるのは，経済，政治，通信，科学などの諸分野で国際的なコミュニケーションが私達にとって必須となっているからである。言語，国籍，民族，文化を超えたコミュニケーションを可能にする国際補助言語として，英語は世界の物流，商取引，金融などの経済活動を始め，航空・海運などの国際交通システム，国際通信などの多くの分野で

---

[1] 英語を「国際補助（言）語としての英語」（English as an international auxiliary language）と見なす考え方は鈴木（1999）によって紹介されている。

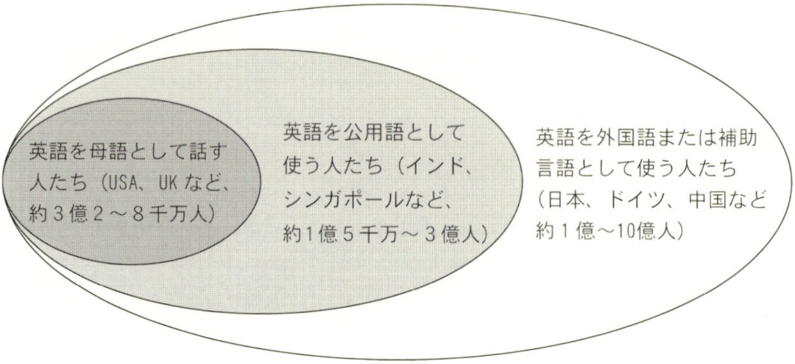

図 8-1　英語を使う人たち（Crystal, 1997 ; Kachru, 1986 ; McKay, 2003 に基づく略図）

人々を支えている。国連，ASEAN，EU，OPEC などの国際機関においても英語は公用語またはそれに準ずる言語の1つとして用いられている。この他，マスコミ，映画，音楽などにおいても英語が国際補助語として使われることが多く，様々な情報や文化が英語を媒介にして広がっている。

　国際語としての英語は，人々を経済面，文化面で結びつけるだけではない。人類が直面している深刻な問題に多民族が力を合わせて対処する際にも大きな力を発揮している。世界各地で紛争・対立が絶えず，いつ自分たちが当事者として対立に巻き込まれてもおかしくない現在，人類の共存のために最も必要とされているのは異なるもの同士の対話である。異言語・異文化間の対話を可能にするは第二言語であり，特に汎用性が高い，つまり便利なのは現在のところ英語であると言えよう。紛争問題，環境問題，災害対策，南北問題など，国境を越えて協力し合わなければ解決できない問題に取り組む際に，現在最も多く飛び交っているのは国際補助言語としての英語なのである。このような地球規模の問題解決に直接関与することはないとしても，人の流れがこれほど活発になった現在，日本に暮らしていながらも異文化の人々と交流する機会は増える一方である。その人たちと積極的に関わり，交流していく力を英語は与えてくれる。

　もちろん，直接会って行う対話だけでなく，インターネットを通した文字による双方向型のコミュニケーションによっても言語・文化の異なる人

たちが第二言語を使ってつながっている。むしろ，時差を気にせず，お互いが生活する場にいながら，交流できる点では，インターネットによるコミュニケーションは，面と向かって行う対話よりもさらに広く，自由に人と人をつなぐ可能性を秘めている。第二言語によって人と人がつながる機会はインターネットによって，量と質が飛躍的に変わりつつあると考えられる。[2]

このような英語の急速な広がりとともに考えておくべき重要な問題がある。それは，英語の力が強力になりすぎることによって，英語ができる人とできない人の間に社会的階層が生じる危険性があること，および，英語によって他の言語や文化の力が弱まり，消えてしまう恐れすらあるという問題である。かつて特定の国（帝国）が別の国を武力によって支配した構図と，英語という言語を持つ人によって英語を話さない人が支配される構図が似ていることから，この問題は「英語帝国主義」（English imperialism）と呼ばれることがある（鈴木, 1999；津田, 1990；中村, 2004）。このような不平等をはびこらせないためには，社会および個人の中で多言語主義・多文化主義を進めていくことが求められる。さらに，英語はあくまで補助言語であり，母語にとって替わるものではないという認識を持つことも大切である。補助言語である以上，母語は滅びない。単純ではあるが，重要な視点だと言えよう。

2. 観・学・術としての第二言語の力

第二言語学習によって得られる力は，人とコミュニケーションする力だけではない。第9章で見るように，第二言語を身につけるということは，単にコミュニケーションする能力を備えるだけではなく，深く考える力，広い知識，そして価値観，世界観などによって支えられた生きる力を身につけることにつながる。遠山（1976）が言うように，教育の場で育てるべきものは，知識としての「学」（knowledge），生きる姿勢・価値観として

---

[2] このようなインターネットを使った異文化コミュニケーションの実践は，早稲田大学などで活発に行われている。中野（2005）には日本と主にアジア諸国の大学生がインターネットを用いて，意思を伝え合う英語授業の実践例が紹介されている。

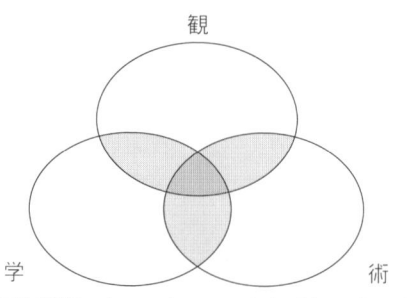

図8-2　第二言語学習において育てるべき力（遠山（1976）に基づく略図）

の「観」（attitudes），そして技能としての「術」（skills），この3つがバランスよく支えあった総合的な力であると考えられる。この3つが揃わない力は，不安定で脆い。例えば，英語を運用するスキルが母語話者並みであっても，かつてアジアで日本が行った侵略についての知識を知らなければ，シンガポールの人と真の意味でつながることはできない。英米人にはあこがれるが，アジア人とは付き合いたくないというようなゆがんだ態度（attitudes）を持つ人もまた，異文化の人とつながる適切な力を備えているとは言えない。次節の enlightenment としての第二言語学習とも深く関わるが，第二言語学習において育てる力は，技能・知識・態度が融合した総合的な「力」であることを認識すべきである。このような力を伸ばし，異文化を持つ人と柔軟につながっていける人間を第二言語学習は育てるのである。

❷　心に光をともすための第二言語学習

1.　学ぶ内容と第二言語使用の機会が導く光

　第二言語学習は，人を明るい方に導く enlightenment の働きをすることがある。この働きは英語学習だけに限ったものではなく，すべての第二言語学習に共通のものである。

　Enlightenment とは，light（光）を与えること。つまり，暗くて周りが見えないところに灯かりをともすことである。「啓蒙」と訳されること

もあり，これは「暗い」という意味の「蒙」を啓いて，明るく物が見える状態にすることを意味する。

　外国語学習が導く光とは何であろうか。まず最も直接的に関わるのは，外国語を通して取り入れる情報，知識である。外国語を学習する際に，もし言語の伝える意味を無視または軽視して文法構造だけを機械的に覚えたり，文脈から切り離された単語を頭に詰め込んだりした場合には，この光は得られない。言語が伝える内容（content）を重視し，意味のある内容を聞いたり読んだりして理解し，そこから自分の考えを深め，知識を広め，さらにその内容に関して話したり書いたりすることを外国語学習の中心とするならば，そのような学習の過程で学習者はさまざまな事柄について多くの知識を得，心の中に無数の光をともすことができる。現在，第二言語教育において主流となりつつある「内容中心教授法」（content-based instruction）および学習法は，この点において重要な意義を持っている（第1章参照）。

　第二言語学習で扱う内容，題材はどんなものでもなりうるわけであるが，国際補助言語としての英語を学習しようとする場合には，英語圏など特定の文化や国に関するものではなく，人類全体に関わる問題を中心として扱うのが適当であると考えられる。なぜなら国際補助言語としての英語を話す人とは，どこか特定の地域の人ではなく，この地球に住む人間の誰かであるからである。地球規模の課題（global issues）である，人権，環境，紛争，福祉，経済格差などのすべての人間にとって重要な事柄を内容として，内容中心の英語学習を展開していけば，これらの事柄についての理解が深まり，蒙が啓かれることにもつながると期待される。[3]

　昭和20年代から昭和50年代前半頃までに使われていた中学校用検定教科書を見ると，その題材内容は，英語母語話者の人たちの文化が中心をなしていた。英語は英米人のものであり，英語を身につけるためには英米人の

---

[3] 言うまでもなく，グローバル・イシューの中には自分の文化に関わる事柄も含まれる。自分の住む地域の特色および課題，自分の文化の特徴，自国の歴史など，これらのことを知らずして，グローバルなものへ意識を向けることは無意味である。自分の住む地域は，他の地域と相互依存的につながり，そのつながりが世界を構成していることを認識するのは大切なことである。

文化を理解しなくてはならないという姿勢がうかがえる。現在の中高英語検定教科書では，教科書によって違いはあるが，概ね，特定の国に偏ることはなく，異文化受容，文化や価値の多様性，相互依存関係環境，戦争と平和などを主な内容として扱っている。英語学習の目的を考えれば，どちらの教科書が生徒の心の中に，より多くの光をともすのかは明白であろう。

このような光は，英語を通した異文化間コミュニケーションを行っていく上で極めて大切な異文化受容の姿勢や，一人一人の命の尊さを認識する姿勢を育てていく上で重要な光になると思われる。いろいろな物事やいろいろな人に学習者が出会う機会を創り出す第二言語学習は，自己の人間性を深め，いわゆる「国際感覚」を養う上で重要な役割を果たすと考えられる。

第二言語学習を通して育てられる「国際感覚」とは一体何か，定義するのは難しい。「国際」という，国を重視している点もこの用語が何を意味するのか分かりにくくさせている。「国際感覚」とは，本来，「異文化に対する寛容さ」(cross-cultural tolerance) や「世界についての知識」(world knowledge) に裏づけされた異文化に対する態度などを中心とした，「異文化感覚」とも言うべきものなのかも知れない。その具体的な中味を示すものとして，渡部（1995）が示す以下の「国際感覚」に関する資質は，たいへん参考になる：

(1) 自分の足元から世界を見つめ，地球の未来について自分の頭で考えていこうとする人
(2) 歴史の事実をありのままに見つめそこから目をそらさない人
(3) 自分の内部に生まれてくる偏見を自覚し，それとたたかいつづけていこうとする人
(4) 自然と人間の共生を考える人
(5) 世界の相互依存関係を認識し，人々とグローバル・イシューを共有できる人
(6) 自分の利益だけにとらわれずに，より広い普遍的な発想を持てる人
(7) グローバル・イシューの解決に向けて討議に参加し，知恵やアイデ

アを出し、身近な所からでも行動していこうとする人

　これらの7つのポイントは、第二言語を使ってさまざまな文化を持つ人と交流しようとする人にとって、自分の中にどのような闇があるのかを見極める上で大きな意味を持つ記述であると思われる。

　このような異文化間コミュニケーションに不可欠な「国際感覚・異文化間感覚」は、ただ単に第二言語学習をするだけで芽生えるものではない。英語はうまいが、英米人に憧れアジア人を差別したりする国際感覚が欠如した人も少なくないという事実が、「国際感覚・異文化間感覚」と英語学習は直結していないことを如実に証明している。これらの資質を育てるためには、前述したようなグローバル・イシューを題材内容とした「内容中心第二言語学習」(content-based L2 learning) を地道に続けていくこと、生の異文化交流体験をすること、この2つが最も効果的なのではないだろうか。それによって、心の中の「光」となる「国際感覚・異文化間感覚」が少しずつ、そして、しっかりとともっていくのだと筆者は考える。

2. 自己相対化が与える光

　外国語学習を通して、自分の言語および文化、そして自分自身を相対化することができる。つまり、自分の言語がどのような言語であるか、または自分自身がどのような人間なのか、客観的に考えることができるようになると言われている。外国語および異文化という鏡に母語および自文化を映すと、見えなかったものが見えるようになるという現象である。自分が住んでいる地域がどのようなところなのかは、その場所から離れて別の場所から見てみるとよくわかるようになる。それと同様の効果を外国語学習はもたらしてくれる。たとえば、日本の家族におけるお互いの呼び名を考えてみよう。鈴木（1976）が紹介するように、日本人が当然のことのように使っている、お母さん、お父さん、お兄ちゃん、などという家族内の呼び名は、英語における呼び名からみるとかなり驚くべきことである。英語では、個人が中心となって自分と相手との関係で呼び合うが、日本では一般的に家族の中で最も小さく家族の中で守られるべき存在が中心となって、その存在から見た関係で家族の構成員の呼び名が決まることが多い。ある

夫婦に子どもが生まれたときから，それまで名前で呼び合っていた夫婦がお互いを「おとうさん／パパ」，「おかあさん／ママ」と呼び合い，その夫婦の親は「おじいちゃん」「おばあちゃん」になるわけである。何気ないことであるが，この「おばあちゃん」が自分の息子のことを「おとうさん」と呼ぶ場合もあるわけで，これは実はすごく不思議な言語表現なのである。この言語使用の背景には，小さいもの，守られるべきものを家族の中心として，それを包むように一人一人の家族が存在するという日本の家族のあり方がある。これは別の言語との対比で際立ってくる日本語の特徴であると言えよう。4)

　このような自文化の相対化を積み重ねて，自分の言語，文化そして自分自身をしっかりと理解することは，これもまた，見えないものを見えるようにする大切な enlightenment の1つである。このような啓蒙が特に大切なのは，このような相対化を重ねることによって私たちが「自民族中心主義」(ethnocentrism) の呪縛から逃れることができるからである。自民族中心主義とは，自分の民族や文化が特殊であり，他のものより優れていると考える態度である。一般的には，自分が属する民族を他より優れていると認識するのが，この異文化間コミュニケーションを阻む態度なのであるが，他の文化，例えば英米文化を他の文化より優れたものだと考え，自分の文化を卑下したり非英米文化を見下すような態度も一種のねじれた ethnocentrism である。このような態度は，人を闇に導いてしまうものであり，異文化コミュニケーションを阻害してしまう。このような態度を持たないためにも，第二言語学習を通して，自文化・自言語の相対化を経験し，蒙を啓く必要があると思われる。

---

4)　最近では，このような家族内の呼称に変化が生じ始めている。特に夫婦が互いを名前や愛称で呼び続け，その子どもが親を名前や愛称で呼ぶ家庭も増えている。日本社会における家族の変容を表わす現象と言えよう。

❸ empowermentとenlightenmentによる第二言語学習の動機づけ

　上記のように第二言語学習には，私たちに「力」と「光」を与えてくれるという重要な意義があるということを学習者がはっきりとつかむことによって，英語学習への意欲が高まり，動機が確固たるものになる。入試のためとか就職に有利になるようにとかの目先の意義だけでは，入試や就職に決着がつけば，それ以降の英語学習の意欲にはまったくつながらなくなってしまう。本書でいう「力」と「光」は学習者の人生をずっと支えてくれるものである。入試に英語があるのも就職に必要なのも，もともとは第二言語がわれわれに与えてくれる「力」と「光」に起因しているわけで，その点を第二言語学習者本人が理解する必要があり，第二言語教師はその理解を促す努力をすべきなのではないだろうか。多くの第二言語教師が，表現や焦点はそれぞれに異なってはいても，目標とする言語をなぜ身につける必要があるのか，生徒に伝える努力を日々しているのだとは思うが，伝える努力をする前に，生徒の学習意欲の低さを嘆いたりすることが万が一あったとするならば，それは生徒，教師両方にとって不幸なことである。

　第6章で見たように，第二言語学習への動機が学習効果を左右することは，これまでの第二言語習得研究で明らかにされている。動機が高いと第二言語習得が促進される主な理由は極めて単純なものである。動機づけられた生徒は目標言語のインプットに触れる頻度と量が増え，アウトプットする機会も増えるためである。第二言語習得の度合に決定的な影響を与える目標言語のインプットとアウトプットの量が，動機に左右されるのである。

　第6章でも触れたように動機の中でも，特に重要なのは，学習自身の内側から生まれてくる「内発的動機」(intrinsic motivation)であると考えられている。自分以外の人から成功の報酬として何かを得るために学習をするのは「外発的動機」(extrinsic motivation)であり，これは短期的な学習を促進するけれど，長期的な学習には，自己の成長をめざして何かを学習しようとする内発的動機が重要であると考えられている（Brown,

2000)。内発的動機は,自己決定性(self-determination),関係性(relatedness),有能性(competence)の3つを重要な下位要素として含んでおり,これらの相互作用によって内因性の動機の強さが左右される(上淵,2004)。第二言語学習との関連で言えば,特に,有能性と関係性を高めることが大切であろう。上述のような empowerment と enlightenment としての第二言語学習によって,学習者自身が自分はどんなことができるようになるのか(有能性),そして,どのような他者と関わりを持つことができるのか(関係性)をしっかりと認識することによって学習者の第二言語学習に対する内発的動機は高まると考えられる。

　これまでの動機づけの研究では,「統合的動機」(integrative motivation)と「道具的動機」(instrumental motivation)の両方が外国語学習に影響を及ぼすことが知られてきた(第6章参照)。統合的動機とは,社会的にも,文化的にも,そして言語的にも,目標言語が話されているコミュニティに溶け込みたい,その1人になって自分を統合させたいと思う気持ちである。一方,道具的動機とは,就職のためとか仕事のためとか,外国語をいわば道具として利用することをねらった実利的な気持ちである。この両者のうち,統合的動機が,継続的・長期的な外国語学習につながることを示す研究結果が報告されている(Gardner & Lambert, 1972 ; Strong, 1984)。Brown (2000) は,統合的動機と道具的動機は二項対立的なものではなく,一人の学習者が程度の差はあれ,どちらの動機も持っていると考えられるので,どちらが重要かということに目を向けるより,2つのタイプの動機が,学習者の心理と学習者が置かれた社会的環境によって,左右されることが重要であると指摘している。

　英語を話すコミュニティに統合する気持ちを持つということはどういうことであろうか。英語を話すコミュニティとは図8-1で確認した3つのタイプの英語使用者すべてを含んだものであることに注意したい。特定の国ではなく,英語ということばでつながる人たちのコミュニティに自分も加わりたい。そのような気持ちを高めることが,現在の英語学習における統合的動機の向く方向であると思われる。

❹ 第二言語学習の目的を把握させる指導

　学習者の第二言語学習に対する内発的動機および統合的動機を高まるための指導としては、国際補助言語としての英語を使って国際社会で活躍している人たちの姿を見るのが最も効果的であろう。また、そのようなコミュニティに学習者自身が一度入ってみるのも強烈な動機付けになる。

　この際、私たち非英語母語話者は母語話者のように話す必要はまったくないということにも注意すべきである。むしろ、母語話者のように話さない方がよい場合も多く、日本語など、母語の影響が見られる独自な英語で、なおかつ相互理解が可能な英語を話す方が効果的なこともある。というのは、もし、アメリカ英語の母語話者のように話すとその人の考え方までアメリカ人と同じであると捉えられてしまう可能性があるからである。極端な例であるが、反米意識の強い人と英語で話す場合、日本人がアメリカ英語で話すのと、日本人なまりのある英語で話すのとでは、後者のほうがコミュニケーション上有益である可能性が高い。日本人英語は、アメリカ英語、インド英語、イラク英語などすべての英語と等距離であると本名（1999；2003）は述べているが、きわめて重要な指摘である（第9章参照）。

　母語話者のように話さなくていいという指摘は、動機に関する別の点からも注目される。それは、母語話者を目指すという目もくらむような高い目標が、相互理解ができる程度の英語を身につけるという、ずっと身近な手の届く目標になることから、学習者にとって達成可能性が意識され、学習の意欲が高まるという点である。これは、学習課題の解決可能性（coping potential）が高まるということであり、学習者の動機、意欲を高めることが最近の脳神経学に基づく動機づけ研究の結果から予測される。[5]

　国際的な舞台で英語を使って活躍する人々の姿を見て、かっこいいなあ

---

[5] Schumann（1998）は、人間は外部から入ってくる刺激を次の5つの観点から評価しており、これらの評価が特定の経験、たとえば外国語学習などに対する動機を左右すると指摘している。1．目新しさ（novelty, degree of unexpectedness/familiarity）、2．心地よさ・魅力（pleasantness, attractiveness）、3．目標を達成し、必要を満たすための重要性（goal or need significance）、4．解決可能性（coping potential）、5．社会的なイメージ・自分のイメージ（self and social image）。

とあこがれ，自分もあんな風に異文化の中でいろんな人と何かをしてみたいと感じる気持ちは，英語によってつながるコミュニティに自分を統合したいと願う統合的動機といってもよいだろう。「アメリカ人のようになりたい」，ではなく，「日本人としてのアイデンティティを持ちながらも国際社会で活躍する人になりたい」という気持ちである。さらにその気持ちと並立して道具的動機があると，第二言語習得はより促進される。英語教師になれる，就職の機会が広がる，などの実利的な動機が伴うと統合的動機を補完的に高めると考えられる。

筆者は，勤務先の大学で，非英語母語話者同士が英語でコミュニケーションをしている映像をよく学生たちに視聴させる。これまでに，筑紫哲也（日本／ジャーナリスト），緒方貞子（日本／元国連難民高等弁務官・JICA理事長），一青窈（台湾・日本／歌手），ダライ・ラマ14世（チベット／チベット仏教最高指導者），ホセ・カレーラス（スペイン／オペラ歌手），陳凱歌（中国／映画監督）などが出演したテレビ・インタヴューなどの録画を見せてきた。

日本人が英語を使って国際的に重要な仕事をしている姿を見るのは学生たちにとってかなり刺激的（これまで見てこなかったから？）であるらしく，多様な感想が返ってくる。「英語が使えるようになるためには，自分の中身を育てること，伝えるべき中身を育てるべきことがまず大切であることに気づいた」，「これまで，母語話者のように話すことを至上の目標にしてきたが，それが覆されて驚いた」，「日本人英語には日本語の方言のような良さがあることに気づいてうれしくなった」，「英語学習のハードルが低くなったような気がして安心した」，「こういう人たちとつながりたいと思う」など，実にさまざまなコメントが出てくる。これらは学生の内部で英語学習に対する内発的動機が高まったことを示すものであり，あの人たちと同じようにいろんな人が英語を使いあうコミュニティの一員に自分もなりたいという統合的動機の高まりを示しているように思う。統合的動機は，どんな社会の中で生きていくのかというその人の生き方に大きく関わったものであるので，他人から押し付けることはできない性質のものである。英語教師にはさまざまな方法を使って，学習者に英語学習によってど

んな力が得られ，どんな光をともすことができるのかを学習者に気づかせることが求められている。まずは，自分自身が英語によって得られる力と光を体感することが第一歩なのだと自戒とともに思う。

＊

　なぜ，第二言語を身につけるのかという問いに対して学習者が自分自身で考え，自分なりの答えを持つことが第二言語学習の成功を左右するといっても過言ではない。本章では第二言語を身につけることがその人にさまざまな力を与えてくれること，そして，第二言語学習によって心の中に一種の光がともされ，それまで見えなかったもの，特に自分自身が見えてくることを述べた。力と光，この2つがあるからこそ，第二言語学習は豊かに生きようとするすべての人間にとって大切な行為なのではないだろうか。
　このような第二言語学習の捉え方と，以下の大江健三郎氏（2001）のことばは，同じ方向を向いていると筆者は考える。
　「…自分をもっとよく知り，他の人とつながるためにいつの世でも子どもたちは学校へ行くのだと思います。」（大江健三郎『自分の木の下で』）
　このことばは「なんで英語やるの？」という子どもたちの素朴な問いに，英語教師が答える際の支えになることばであると筆者は思う。

【資料7：大学生が考えた英語教育の目的】

＊大学で英語科教職課程を履修している学生に英語科教育法の授業で「英語教育の目的」について考えさせ，その後で，学生たちに自分のことばで英語教育の目的を表現してもらった。学生たちが考えた英語教育の目的を2つ紹介したい。

英文学科3年　SAさん
　英語は世界で最も多くの国や民族の人々と通じ合える言語であると思います。様々な人々がいる中で，お互いを理解，そして尊重し合えることは，とても大切です。自分たちのことばかりを考えたために，ナチスによるユダヤ人迫害，植民地化，宗教・民族・国等による戦争などが生じてしまったのです。皆，同じ人間なのだから，仲良くしてほしいです。人間もあらゆる動植物たちも皆同じ生き物だから，共に生きていかなければいけません。環境等，地球規模のことを考えるためにも，広い視野が必要です。そのためにも外国語教育は大切なことです。（中略）生きる上で本当に必要のない人もいるかもしれませんが，英語に限らず外国語を通して教養を身につけることで，人間が人間らしく生きられると思います。知らないことを知る，あるいは学ぶことは，誰でも面白いと感じるでしょう。

英文学科3年　NYさん
　何故英語（外国語）を学ぶのか？　1週間考えて出した僕の答えは「人と人の間を繋ぎ，バラバラの世界を，一つにするため」ということです。外国語を学ぶということは，その国の文化，風潮を学び，理解し，それらすべてを受け入れるということだと思います。そして，それは人が人を尊重し，人種や民族，言葉などという人と人の間の壁を取り壊すということに繋がっていくと思います。そうすれば，今も昔も飽きることなく行われてきた，戦争，内乱，紛争などといった人間が人間を殺すという悲しいことは，無くなっていくと思います。今の世界には，人を受け入れるということが最も大切なことであるはずだと思います。そして，それに繋がる英語，外国語を学ぶことが今の世界，これからの世界に必要だと思います。

第9章
第二言語コミュニケーション能力

——どのような第二言語能力を育てるのか——

　本章では，私たちが身につけるべき第二言語能力とはどのような力なのか考える。語彙力や文法力，そして4技能が第二言語運用能力の重要な部分であることは間違いないが，これらがすべてではないことも確かである。第8章で述べたような目的を持って第二言語を学習するのであれば，言語能力にとどまらない全人格的な力として第二言語能力を育てる必要がある。本章では，知識と技能，そして価値観・態度の3つがバランスよく備わった力を育てることが，豊かなる異文化間コミュニケーションを行う上で大切であることを確認したい。

❶ 第二言語コミュニケーション能力の構成要素

　第二言語におけるコミュニケーション能力とはどのような能力なのかを理解する上で，大いに参考になるのは，1970年代から盛んに行われているコミュニケーション能力の定義である。特にHymes, Cummins, Savignonらを中心とする社会言語学者および応用言語学者たちが試みた，現実の世界で言語を適切に使用する能力の記述は参考になる。

　コミュニケーション能力の定義として広く知られているのはCanale and Swainによるもので，これはコミュニケーション能力を以下の4つの能力に分けて捉えようとする試みである（Canale & Swain, 1980; Canale, 1983）：

(1) **文法能力**（grammatical competence）：語彙，文法など言語項目を使いこなす能力

(2) **談話能力**（discourse competence）：まとまりのある文章・会話を理解し，作り上げる能力
(3) **方略能力**（strategic competence）：コミュニケーションを円滑に進めるための方略を使う能力
(4) **社会言語能力**（sociolinguistic competence）：社会文化的規則に従って適切に言語を使う能力

```
                    コミュニケーション能力
                    (communicative
                      competence)
    ┌──────────────┬──────────────┬──────────────┐
  文法能力         談話能力         方略能力         社会言語能力
(grammatical    (discourse      (strategic     (sociolinguistic
 competence)    competence)     competence)     competence)
```

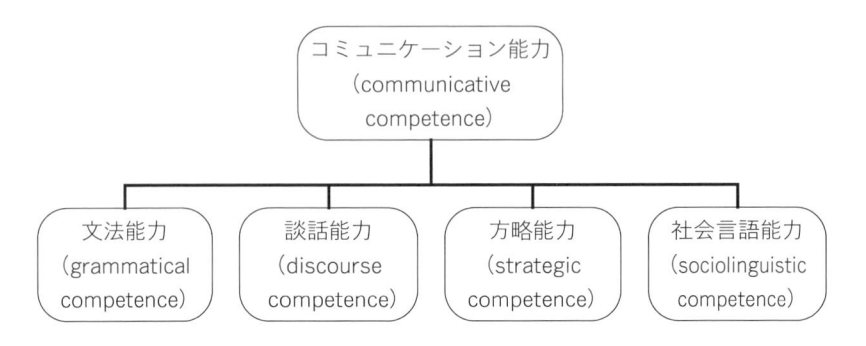

図 9-1　コミュニケーション能力の定義（Canale & Swain, 1980 ; Canale, 1980）

❷ 第二言語学習の対象：総合的コミュニケーション能力

　Canale and Swain によるコミュニケーション能力の定義は，言語能力の記述を中心としたものであり，人間のコミュニケーションを包括的にとらえることをめざしたものではない。第二言語を使って異文化間コミュニケーションを適切に行うという行為は，言うまでもなく，使う人の人間性や世の中についての知識など，ことばそのものではない要素に大きく依存している。近年，この点に着目したより多角的なコミュニケーション能力の再定義が試みられてきている。本節では，Bachman and Palmer (1990) および Brown (2000) らのモデルを土台に，ことば以外の要素も組み込んだ総合的コミュニケーション能力の見取り図を図 9-2 として示し，この図に基づいて日本人英語学習者がどのような英語力の習得をめざすべきなのか，考えてみたい。

この定義には，従来のものには含まれなかった，認知能力，態度・姿勢，世界についての知識が含まれている。「認知能力」とは，思考力，類推力，想像力，分析力など，つまり考える力をここでは意味している。「態度・姿勢」とは異文化に対する態度など人間の価値観や人間性を土台とした態度・姿勢のことである。「世界のさまざまな事柄についての知識や考え」とは，自分が住む地域を含んだ世界の歴史や環境に関する知識とその知識にもとづいた考えを意味する。

このように広く英語力をとらえると，英語学習において育てるべきものもぐんと広がる。語彙力や文法知識を増やすことだけでなく，人間として成長することが英語学習の一部となり，土台となるのである。

第8章では，学校教育で育てるべきものに関する遠山啓（1976）の考えを紹介した。さまざまなことについての知識（学），生き方についての態

言語能力（language competence）
（図9-3参照）
　文法能力（grammatical competence）
　談話能力（discourse competence）
　社会言語能力（sociolinguistic competence）
　機能能力（functional competence）

方略能力（strategic competence）

コミュニケーション能力
（communicative competence*）

認知能力
（cognitive abilities）

世界のさまざまな事柄についての知識・考え
（real-world knowledge/thoughts）

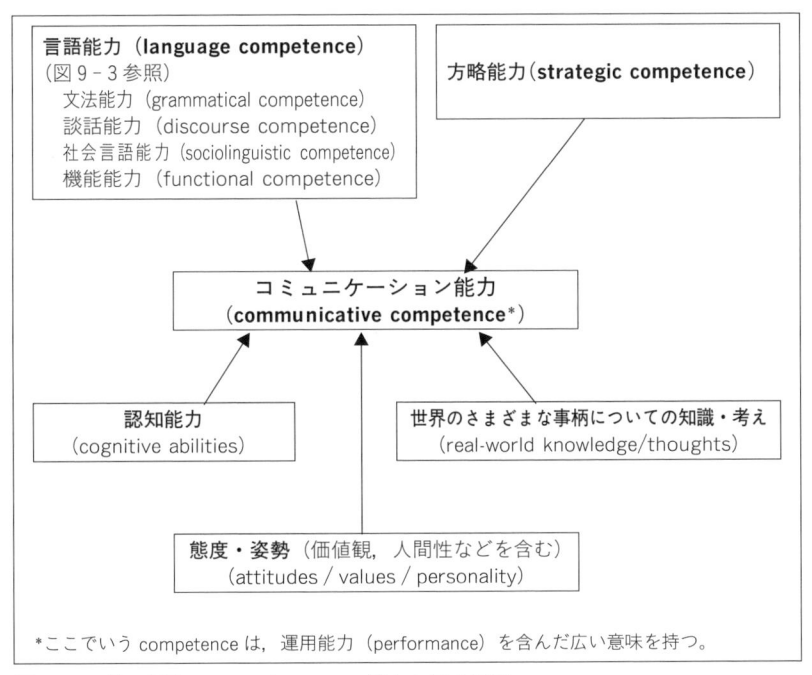

態度・姿勢（価値観，人間性などを含む）
（attitudes / values / personality）

*ここでいうcompetenceは，運用能力（performance）を含んだ広い意味を持つ。

図9-2　第二言語コミュニケーション能力の構成要素

度・姿勢（観），そして行動を可能にする技能（術）が教育で育てられるべき3つの柱であると遠山は主張している。図9-2に示されたコミュニケーション能力のとらえ方は，この観・学・術の考えとも調和するものである。[1]

遠山が挙げる教育の3つの柱は，連合王国（UK，以下，英国）における国際理解教育であるWorld Studiesの3つの柱，すなわち知識（knowledge），態度（attitudes），技能（skills）ともぴったりと符合する。[2] World Studiesとは，英国で教育を受ける8歳から13歳の子どもたちが，多文化社会，相互依存社会で責任を持って生きていくために必要となる知識，態度・姿勢，技能を身につけることを目的とした国際理解教育のカリキュラムであり，日本においても国際理解教育の実践者たちに大きな影響を与え続けているものである（大津，1992；佐野・水落・鈴木，1995；吉村，2000参照）。以下では，図9-2の中の「世界のさまざまな事柄についての知識」および「態度・姿勢」が，具体的にどのようなものであるべきなのかをWorld Studiesを参考に考察してみたい。[3]

1. 世界のさまざまな事柄についての知識

日本人が英語を学び，使用する際に，何について知っておくべきなのであろうか。英語学習者が備えるべき，世界のさまざまな事柄についての知識とは一体どのようなものであろうか。World Studiesでは子どもたちが備えるべき知識として以下のものがあげられている：

(1) 「私たち」と「他の人たち」：自分の位置，異文化，相互依存の本質
(2) 豊かさと貧しさ：富と権力の偏在，不平等
(3) 平和と紛争

---

1) 遠山（1976）は，「観」の教育には，自己形成という条件が絶対不可欠であり，「観」の注入教育は絶対に避けるべきであるという重要な指摘をしている。
2) 同様にknowledge, skills, attitudesを柱として異文化間コミュニケーション能力（intercultural communicative competence）を定義するByram（1997）のモデルも総合的な第二言語コミュニケーション能力を把握する上で大変参考になる。
3) World Studiesでは，技能（skills）として，①調査する力，②コミュニケーション能力，③概念把握力，④批判的思考力（critical thinking），⑤政治的技能などを育てることをめざしている（Fisher & Hicks, 1985）。

(4) 環境：地球の地理，歴史，生態，環境を守る努力
   (5) 明日の世界：自分や世界の未来の姿
　自分の身の回りのことから地球全体に関わる，さまざまな知識が必要となることがわかる。自分につながる過去，現在，そして未来について知識を持ち，自分の考えを持つことをめざしている。
　「英語が使えるようになりたい」と言いながらも，新聞は読まない，本も読まない，娯楽映画以外は見ない，というような状態では，仮に英語運用能力がついたとしても，中身のないコミュニケーションしかできない人間になってしまうだろう。

2. 態度・姿勢

　World Studies では，以下の観点から，子どもたちの人格，人間性，価値観に直接関わる態度・姿勢を育むことをめざしている：
   (1) 人間としての尊厳：自分，他人の価値・人権（human rights）を正しく評価する態度
   (2) 興味・関心：多文化社会，相互依存社会の一員として諸問題と自分との関わりを知ろうとする態度
   (3) 異文化受容（cross-cultural tolerance）：異文化の価値を見出し，それに学ぼうとする態度
   (4) 共感（empathy）：文化や状況の異なる人の気持ちや価値観を進んで理解しようとする態度
   (5) 正義と公平（justice & fairness）：民主主義の原理を尊重し，より公平な世界を目指す態度

　これらはすべて，学習者の人間としての生き方そのものに関わる大切なものである。異文化間コミュニケーションの能力を考える上で，特に重視すべきなのは，人間の価値・人権を正しく評価する態度および異文化受容の態度であろう。人を差別したり，見下したりする態度を持つことは，異文化間コミュニケーションの根底が崩れていると言える。自分と異なるものに対して寛容さを持ち，違いを認めながら受け入れる。そのような態度こそが英語を使ってさまざまな異なる人とつながっていこうとする人に求

171

められる最も大切な態度である。異文化受容と正反対の態度であると考えられるのが，第8章でも触れた，自民族中心主義（ethnocentrism）である。自分の民族が他より優れていると考え，他を見下すような態度である。逆に自分の属する民族ではなく特定の文化，例えば英米の文化・社会を他より優れたものと考え，追随する態度も一種の ethnocentrism と言えよう。このような態度が国際理解・国際交流・国際協力に大きな妨げとなることは言うまでもない。

　競争ではなく，共生のための第二言語学習・教育において育てるべき知識および態度とはどのようなものであるかを，World Studies は明確に示していると言えよう。[4]

　国際補助言語としての英語を身につけようとする学習者にとって，World Studies などの国際理解教育が扱っているテーマは英語学習の内容としても重要なテーマとして使うことができる。[5] 近年，多くの第二言語教育の現場で取り入れられている「内容中心第二言語教育」（content-based L2 instruction）で，何を第二言語教育の「内容」（content）とするかを考える際にも，World Studies のカリキュラムはさまざまな示唆を与えてくれる。

3. 言語能力

　ここでは，第二言語コミュニケーションの柱の1つである「言語能力」がどのような要素で構成されているか考察したい。Bachman (1990) および Bachman and Palmer (1996) では，言語能力は図9-3が示すような下位能力にさらに細分化されている。

(1) 文法能力

　この分類における「文法能力」は，語彙，文法，音韻，文字などの言語

---

[4] 競争のための外国語教育ではなく，共生のための外国語教育を進めていくことの重要性は冨田 (2004) に示されている。
[5] 国際理解教育と英語教育との関係については，本書のように両者の接点を重視する主張（荒木・後藤, 2000, 和田, 1999, 吉村, 2000 など）がある一方で，切り離すべきであるという主張もある（鈴木, 1997, 山田, 2005a, 2005b など）。英語学習者および英語教師は，両論をよく吟味し，自らの立場を確かめることが求められる。

構造を使いこなす能力を表す（第5章参照）。生成文法研究においては抽象的な体系としての言語能力を意味するcompetenceということばが使われているが，ここでは，言語使用を可能にする言語運用能力（performance）も含んだ能力の意味で使われている。

(2) **談話能力**

「談話能力」はまとまりのある文章および対話を理解し，自分の考えや意見をまとまりのある言い方（書き方）で表現する能力である。談話（discourse）とは，文が2つ以上集まってできた言語の単位であり，一通の手紙，エッセイ，スピーチ，対話など，書かれたもの，話されたもの，一人で行うもの，2人以上で行うものなど，さまざまなタイプがある。談話能力に関わる問題点としては，例えば日本人が英語を使って何かを言お

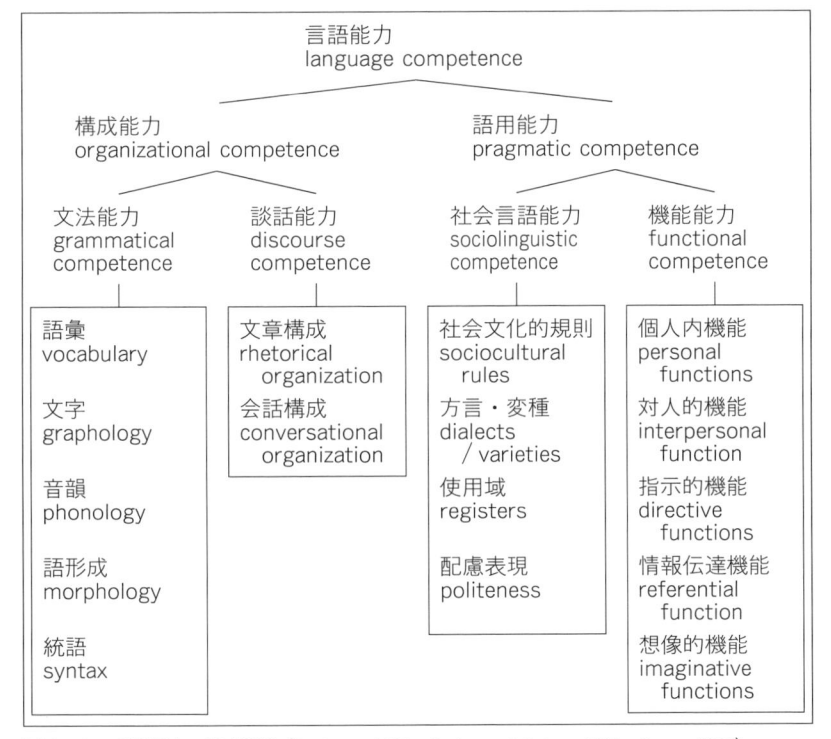

言語能力 language competence			
構成能力 organizational competence		語用能力 pragmatic competence	
文法能力 grammatical competence	談話能力 discourse competence	社会言語能力 sociolinguistic competence	機能能力 functional competence
語彙 vocabulary 文字 graphology 音韻 phonology 語形成 morphology 統語 syntax	文章構成 rhetorical organization 会話構成 conversational organization	社会文化的規則 sociocultural rules 方言・変種 dialects / varieties 使用域 registers 配慮表現 politeness	個人内機能 personal functions 対人的機能 interpersonal function 指示的機能 directive functions 情報伝達機能 referential function 想像的機能 imaginative functions

図9-3　言語能力の構成要素（Bachman, 1990 ; Bachman & Palmer 1996 ; Brown, 2000）

うとする時に，背景的な事柄を最初に提示して，主張したい点を最後に述べた場合，この話し方に慣れていない聞き手には言いたいことがうまく伝わらないことがある。これは主題を含むトピック・センテンスが最初に提示され，その主題を支持する情報があとから付け加えられるという英語の談話構造を把握していないために起こりうるミス・コミュニケーションである（Scollon & Scollon, 2001）。[6]

図9-3の中で，特に注目すべきなのは「語用能力」である。これは，ことばを実際の言語運用のために使う際に求められる能力のことであり，「社会言語能力」と「機能能力」から成る。

(3) 社会言語能力

「社会言語能力」は，その言語が話されている社会の社会的・文化的規則および状況に合わせて，適切に言語を使用する能力である。例えば日本語を適切に使うためには日本社会の慣例や決まりごとを知らなければならない。以下の①と②をどう使い分けるかを知るためには，日本社会における人間関係がどのような要因に左右されるか理解しなければならない。

① お昼ご飯食べましたか？
② 昼飯食べた？

中学・高校生が，年齢が1つしか違わない先輩に対して一般的には(1)を使うということは，日本では年齢の違いが大きな意味を持つことを知らない人にとっては，驚くべきことであろう。（筆者がアメリカの大学生に日本語を教えていた時に，このことを話題にしたことがあったが，学生の何人かは，冗談だと思ってしばらく信じてくれなかったことがある。）

社会言語能力に関わる英語の例としては，呼びかける際の名前の使い方がある。アメリカの大学では，教授と学生がファースト・ネームで呼び合うということを聞きかじって，それを日本人留学生が無差別に実践したとすると，これは社会言語的な誤りを犯すことになる。敬称＋ラスト・ネー

---

[6] 結論を最後に述べる日本語の談話構造そのものが悪いわけではなく，英語の談話構造への配慮が足りない，もしくは知識がないことから生じた問題であることに注意。日本語の談話構造は，話者が結論に至った過程と同じ過程を聞き手に辿らせた後で結論を提示するという独特のものであり（Nishiyama, 1995），日本語を使う上で排除されるべきものではない。

ム (e.g., Professor Brown) からファースト・ネーム (e.g., John) へ移行する過程は，日本語において上記の(1)から(2)に移行するのと似たような段階を踏むものであり（スピードは全く違うが），その社会の人間関係を強く反映したものである。このような社会文化的規則に合わせて適切にことばを使う能力が社会言語能力である。

このほか，「言語の多様性」に対応できる能力も社会言語的能力である。英語は今や，World Englishes ということばがあるようにさまざまな変種 (varieties) が存在している。母語として使われている英語や公用語として使われている英語だけではなく，国際補助言語として使われている英語 (English as an international auxiliary language) も理解し，対応できる能力が求められる（本章❸参照）。

ことばの使用域 (register) に配慮してことばを使う能力も，社会言語能力に含まれる。例えば，kid という語は会話などでは適切ではあるがフォーマルな文書には適切ではなく，child が用いられるように，kid と child はそれぞれ異なった使用域がある。日本語の例で言えば，日本人の一部の若者が会話で使う「～ていうか」を，例えば面接試験で使ったとすると，それは社会言語的に不適切となる。「～ていうか」の使用域をしっかりつかんでいないことから生じる社会言語的誤りと言える。

相手に配慮しながら言語を用いる能力も重要な社会言語能力である。言語使用における配慮はポライトネス (politeness) の観点からさまざまな研究が行われている。第7章で見たように，第二言語学習者はポライトネスについて一定の知識を備えておく必要がある。このような知識は，以下の機能能力と直接結びつくものである。

(4) 機能能力

もう1つの語用能力である「機能能力」は，言語を使ってさまざまな機能 (function) を果たすことができるかどうかということに関わるものである。[7]コミュニケーションにおいて人間は，「依頼する」，「アドバイス

---

[7] Leech (1989) は機能 (function) を，「私たちがことばを使ってできるさまざまなことを表す用語 (a term used to describe the various things we can do with language, p. 155)」であると定義している。

る」,「謝罪する」,「苦情を言う」など,さまざまな機能をことばを使って果たしている(第7章参照)。それぞれの機能にはその機能を果たすさまざまな言語表現があり,それらを状況に合わせて使う能力が機能能力である。例えば,英語で「依頼」の機能を果たす場合,相手に負担をかけないちょっとした依頼なら⑤のような命令形を用いた直接的な表現が適切である。一方,相手にある程度負担がかかる依頼で,お互いの関係に教師と生徒などの上下の力関係がある場合,⑥のような表現が一般的に適切であろう。

⑤ Peter, please pass me the salt.

⑥ Professor Green, can I talk to you for a second? (Sure.) I've just finished writing an essay on the problems of education in Japan. And I was wondering if you could possibly look it over and give me your comments.

⑥では,依頼の前に,依頼を予測させるような依頼前表現(pre-request)が行われている。依頼の内容を明確に示した上で,過去進行形と仮定法を用いたもっとも控えめな依頼表現を使っている。相手に急な判断を迫ったり,相手の都合や意向を考えずにずけずけと頼み事をするのでなく,相手の面子が脅かされる可能性を極力低くして,相手のプライバシーに配慮した上での依頼をすべきであろう(第7章参照)。

このように,話題になっている事柄の相手への負担度(imposition)(ペンを借りる／車を借りる),相手と自分の間の社会的距離(social distance)(初めて会う人／よく知っている人),相手と自分の立場の違い・力関係(power)(店員と客／友達同士など)などの要因に配慮しながら適切に依頼を行うことによって無用な誤解が避けられると考えられる(生田,1997)。

第二言語を使って果たせるようになっておくべき機能は,Finocchiaro and Brumfit (1983) によれば,大きく分けて以下の5つのカテゴリーに分けられる。

(1) 個人内機能(personal functions):自分の考え,感情などを表現したり,整理したりする機能

(2) 対人的機能(interpersonal functions):友好な人間関係を保つ機能

(3) 指示的機能（directive functions）：他の人に何かをしてもらう，やらせるなど，他者の行動に影響を及ぼす機能
(4) 情報伝達機能（referential functions）：出来事などさまざまな物事について報告する機能
(5) 想像的機能（imaginative functions）：詩や小説などのように想像的，創造的にことばを使う機能

現行の『高等学校学習指導要領』（文部省1999告示，中学校版は1998年告示）では，function は「言語の働き」として初めて取り上げられ，機能の例が列記されている（本章末の資料9参照）。

4. 方略能力

「方略能力」（strategic competence）とは，特にコミュニケーションを進める上で自分の能力が原因で何らかの障害ができたときに，それを乗り越えながらコミュニケーションを続けることを可能にする能力である。コミュニケーション能力の弱点を補う能力とともにコミュニケーションを円滑にする上で有効なコミュニケーション・ストラテジー（communication strategy）を使いこなす能力でもある。例えば，ある単語が出てこないときに，身振りを使ったり，別のことばで言い換えたりすると意思が伝わることがある。以下の例のように，something や someone などを使って，自分の語彙にはない名詞やすぐに出てこない単語を説明的に表現することができる。

plumber（水周りの修理人・配管工）：I need someone who can fix a broken pipe in my bathroom.
detergent（洗濯石鹸）：I need something for washing clothes.

また，相手の言ったことがわからない場合には，「わからない」というシグナルを出せば，このような説明を相手から受ける可能性が高い。このようなコミュニケーション能力の弱さを補う上で有効なストラテジーを「補償ストラテジー」（compensatory strategy）という。

5. 認知能力

　豊かなる言語活動を行うためには，物事を認識して，それについて考える力がなくてはならない。論理的思考力，批判的思考力（critical thinking），想像力，予測力，類推力などの認知能力（cognitive abilities）が言語活動の土台となる。考える力が貧しい人には，意味のある言語活動を行うことは難しい。第二言語学習から論理的思考力が育てられると考える人もいるが，人間の考える力の多くは第二言語学習とは直接関連の少ないところで育つのではないだろうか。本やその他のメディアから貪欲に知識を得て，いろいろな人と出会い，さまざまな経験を積むことが，間接的に第二言語学習の土台となると言えよう。

❸ 日本人はどのような英語を身につけるべきなのか

　本節では，日本人英語学習者が身につけるべき英語とはどのような特徴を持つものなのか考察してみたい。

1. 国際補助言語としての英語

　第8章でも触れたように，英語はもはや英米人を始めとする英語母語話者のものではなく，ことばの違う人同士をつなぐ国際補助言語（an international auxiliary language）として機能している。例えば，お互いの言語がわからないロシア人と日本人が，英語を使ってコミュニケーションした場合に，この英語は国際補助言語として機能している。このように使われる英語はもはや外国語ではなく，どこの国にも結びつかない国際補助言語となっているのである。

2. 日本人英語のススメ

　第8章で紹介した日本人英語の特性について，ここでさらに深く論じたい。仮に，かつて一部の日本人がそうであったように，日本人が英語とアメリカ合衆国を直接結びつけ，英語を身につけるためにアメリカの文化をとことん学んでアメリカ人のように振舞い，常にアメリカ英語のネイティ

ブ・スピーカーを目指したとしたらどんなことになるであろうか。このような英語学習の結果生まれるのは，アメリカ寄りの日本人であろう。考え方も生き方もアメリカかぶれした，アメリカ人としてのアイデンティティが染みついた「日本人」が生まれてしまう。[8]アメリカ社会の一員となることが目標であるなら何の問題もないが，さまざまな国籍の人と国際的な交流・協力をしようという目的で英語を学習する場合には，このようなアメリカ合衆国への言語的・文化的接近はマイナスの働きをすることさえある。つまり，特定の国・文化に過剰に近づくということは，それ以外の国・文化から離れることを意味するのである（本名, 1999；2003）。アメリカ英語を母語話者のように話す日本人が，アメリカを憎悪する特定の人と会話した場合，そのアメリカ訛りの英語のために，日本人であるにもかかわらずアメリカ人と価値観を共有しているととられて，相手との距離が開いてしまう可能性もある。このような場合，日本人英語（Japanese English），つまり，日本人としての独自性をはらんだ英語の方が，日本人としてのアイデンティティを損なうことがないという点でより有利に働くことがある。「日本人英語でもいい」のではなく，「日本人英語の方がいい」ことになるのである。

　ネイティブ・スピーカーのようになるためには気の遠くなるような時間と努力が必要であるが，日本人としての特徴を持ちながらも，いろいろな英語を話す相手と相互理解ができる英語を目指すこと，それであれば達成可能な目標となる。日本人英語が機能的に使いこなせる（functionally fluent）話し手になるのは，それほど大変なことではない。話すこと，書くことの産出能力に関して言えば，2,000語程度の発表語彙と5,000語程度の理解語彙，そして100項目程度の文法が使いこなせれば，スピーキングやライティングにおいて意思を伝えることはできる（第5章参照）。逆に理

---

[8]　シンガポールのシンガー Dick Lee は，*The Mad Chinaman*（1989）という歌の中で，中国系シンガポール人である自分の言葉や外見の西洋化（アメリカ化）と自分の内なる東洋的なものがぶつかってアイデンティティが揺らぐ心情を表現している。Now you know what it's like to be a banana (ie yellow on the outside, white inside) という序文をこの歌に付し，西洋人のように話し，行動する当時のシンガポールの若者のアイデンティティ・クライシスを伝えている。ネイティブ・スピーカーを目指して英語学習を推し進める先に，何が待っているかを暗示していると筆者は考える。

解能力に関しては，よりハードルが高くなる。日本人英語を相手に理解してもらうのであれば，韓国人英語もスペイン語なまりの英語も，理解できるようにならなければならない。標準的なアメリカ英語やイギリス英語だけを理解していれば済むような時代ではなくなったと言えよう。

❹ 英語指導において何を育てるのか

　何のために，生徒のどのような力を育てるのか。この2つのことは英語教師にとって豊かな英語指導を行うために考えておくべき重要な問いであると言えよう。本章で確認したように第二言語能力とは，学習者の価値観，世の中についての知識，そして言語スキルなどを中心とした，学習者の全人格（whole personality）に深く関わる総合的なものである。そして，忘れてならないことは，このような力は生徒たちが多くの人たちと繋がりながら，自分を見つめ豊かに生きていく上で一生，生徒自身を支えていくということである。

　入試対策をしなければならないから口頭での運用能力を伸ばす余裕がない，生徒の英語学習への意欲が低いから基礎的な言語知識の理解を促すだけで精一杯だ，学校では英語力の基礎だけしっかりやって英語を実際に使う力は社会に出て必要になったときに伸ばせばいい，英語の授業では，題材内容には深入りせず言語項目の学習に重点を置けばいい…他にも，総合的なコミュニケーション能力を伸ばす授業をしない（できない）理由はたくさんあるだろう。しかしながら，さまざまな事柄に英語の授業を通して触れ，自分の知識を広め，考えを深め，そして自分のことや自分の考えたことを英語を通して表現し，言語や文化の異なる人たちとコミュニケーションできるようになることは，教育本来の目的と大きく重なると筆者は考えている。教育基本法第1条（教育の目的）には「教育は，人格の完成をめざし，平和的な国家及び社会の形成者として，真理と正義を愛し，個人の価値をたっとび，勤労と責任を重んじ，自主的精神に充ちた心身ともに健康な国民の育成を期して行われなければならない。」と謳われる。戦前の教育勅語に代表される国家主義的教育が招いた悲劇の反省に立って，民

主主義，人権尊重，平和主義などの人類普遍の理念を教育の力で実現させることをねらったこの条文は，教育がめざすべき方向をしっかりと指している。異文化間コミュニケーションにとって最も障害となる偏狭なナショナリズムや特定のイディオロギーに飲み込まれずに，自分の頭で考え，判断する知性，全ての人間の大切さを認められる態度，そして異なる者同志が共生するために絶対に必要な第二言語による対話を可能にするスキル，これらを育てることが教師の使命であり，英語教育で育てることもこれらの知性，態度，そして技能なのではないだろうか。

　以下は，ある中学生が新聞に投書した文章である。

　　　英語の教科書に難民の子供の写真がたくさん載っていました。骨と皮だけのこどもはショックでした。(中略)

　　　私に何が出来るか考えてみました。募金ぐらいしか思い浮かびませんが，せめて食べ物を粗末にするのはやめようと思います。アフガンへの攻撃やイラク戦争で，またこんな子供たちが増えるのかと思うと悲しすぎます。(中略)一番大切なのは世界を平和にしたいと思う心だと思います。いろんな人に会い，他人を思いやる気持ちを忘れないでいたい。まだ小さい私の思いだけど，実践できるようにがんばっていきたい。

　　　何げなく見ていた英語の教科書，私にこのような世界があることを気づかせてくれました。これからも世界の様子を注意深く見守って生きたいです。(広瀬智美14歳，2003年5月24日『朝日新聞全国版』)

この文章は，英語教師たちに，英語教育はこのように学習者の心に知性および態度の面から響きうるものであって，そうあるべきであることを教えてくれている。

*

　本章では，第二言語能力とはどのような能力，知識，態度によって成り立つのかを確認した。この3つをバランスよく育てることによって，第二言語を使った豊かな異文化間コミュニケーションが可能になる。このような全人格的な第二言語コミュニケーション能力を身につけることは，共生

のための第二言語学習・教育を進めていく上で不可欠であると思う。このことはヨーロッパ協議会がヨーロッパの外国語教育のあり方の指針を示した *Common European Framework of Reference for Languages* の以下の文章にも明確に示されている。

In an intercultural approach, it is a central objective of language education to promote the favourable development of the learner's whole personality and sense of identity in response to the enriching experience of otherness in language and culture.

(Council of Europe, 2001, p. 1)

ここに示された個人の全人格的成長を外国語教育の中心的な目的とする見識は，日本における英語教育および英語学習においても深い意味を持つと言えよう。

【資料8：大学生が描いた英語コミュニケーション能力の総体図】

　筆者は勤務校で担当する「英語学習法」という科目で，学生に自分が育てようとする英語コミュニケーション能力の総体図を描く課題を与えている。自分が何を身につけようとすべきなのかをしっかりと意識させるためである。毎年，ユニークな図が提出される。以下はその1例である。

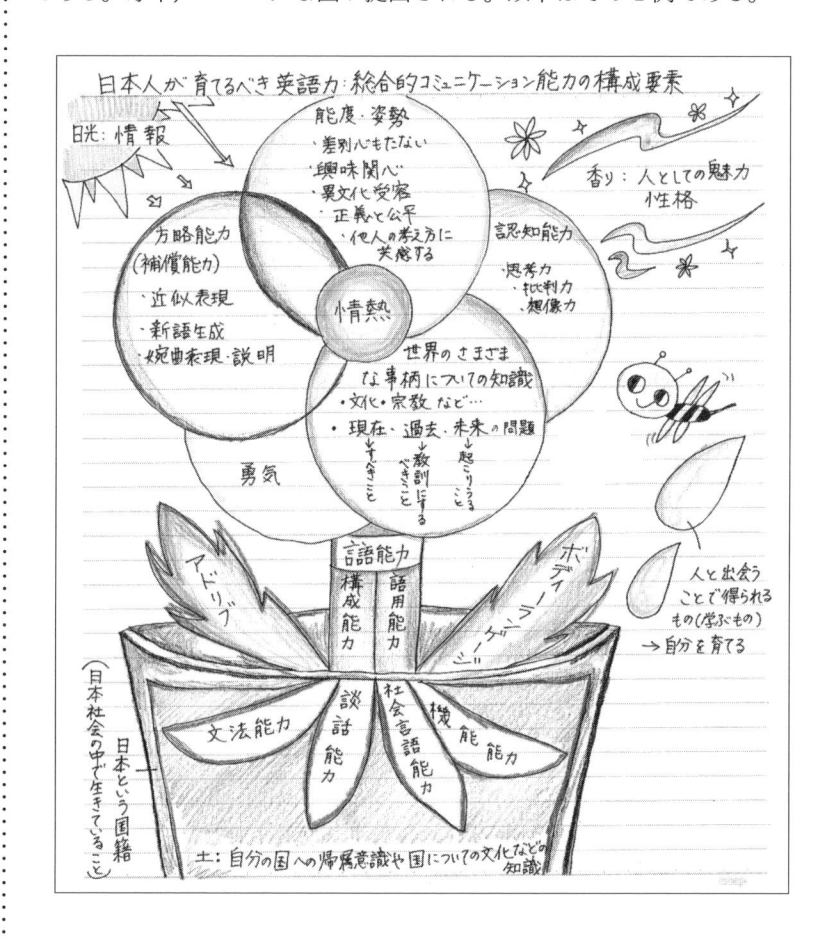

【資料9：機能別表現例】

以下は主な機能／言語の働きと表現例のリストである。例文はBlundell, Higgens & Middlemiss (1980), Jones & von Baeyer (1983), Leech & Svartvik (1994), van Ek & Trim (1991), 崎村 (1995) から引用している。言語機能と言語表現のリストとしては，この他，Kirkpatrick (2004), Yoshida et al. (2000), 東 (1994), 大杉 (1982, 1984) などが有益である。

(1) 人との関係を円滑にする

あいさつする：How are you?

紹介する：Oh, Paul, I'd like you to meet Stephen Parker.

(2) 気持ちを伝える

感謝する：(Formal) I'm really grateful to you for being so kind.

ほめる：That's a very nice coat (you're wearing).

驚く：It's rather surprising/amazing/astonishing that so many people come to these meetings.

同情する：I'm very sorry to hear that./(Formal) You have my deepest sympathy (at this difficult time).

苦情を言う：I want to complain about these shoes.

非難する：I've just about had enough of you coming in class.

謝る：I'm very sorry./(Formal) Please accept my apologies for what I said now.

後悔する：(Formal) I regret that I was unable to provide the assistance you required.

落胆する：Oh, I am very disappointed that the match has been cancelled.

(3) 情報を伝える

説明する：It is important that young children should see things, and not merely read about hem. That is, the best education is through direct experience and discovery.

報告する：The train has left./He says the shop is shut.

描写する：Role-playing can be done for quite a different purpose : to evaluate procedures, regardless of individuals. For example, a sales representation can be evaluated through role playing.

理由を述べる：The main reason is that we were very tired.

(4) 考えや意図を伝える

申し出：Let me help you push it.

約束する：I promise you it won't hurt./I'll let you know.

主張する：We are determined to overcome the problem.

賛成する：Yes, I agree./I don't think anyone could disagree.

反対する：I don't agree./I am not at all convinced…

説得する：Are you quite sure you've taken everything into account?

承諾する：I entirely approve of the plan.

拒否する：I'm sorry, I can't. I must see the dentist today.

推論する：We assume/suppose that you have received the package.

仮定する：I'd play football with you if I were younger,

結論付ける：Let me conclude by saying…

(5) 相手の行動を促す

質問する：Excuse me, do you know if flight BH 106 is on time?

依頼する：Could you lend me a pen?／(Formal) I wonder if you kindly write a reference for me.

招待する：How would you like to come and spend a week with us next year?

誘う：Would you like to come with me?

許可する：Can we sit down in here? Yes, you can/may.

助言する：I'd advise you to see a doctor./You should stay in bed until you start to recover.

示唆する：You might have a look at this book.

命令する：Follow me./You are to stay here until I return.

禁止する：You may not go swimming unless you have certificate.

終章
教室 SLA 研究と英語学習・英語教育

——あとがきにかえて——

本章では，第1章から第9章で論じてきたことを総括するとともに，前章までで触れることのできなかった SLA 研究と英語学習・英語教育の接点に関わるいくつかの問題について論じ，まとめとしたい。

❶ 教室 SLA 研究が英語学習・英語教育に与える示唆

SLA 研究は実践に活かすことを第1の目的とするものではないが，SLA 研究と第二言語教育・学習とは関わるところも大いにある。特に，教室での第二言語習得を記述し，説明しようとする教室 SLA 研究は，第二言語教育にさまざまな示唆を与え，同時に教育実践から SLA 研究者はさまざまな研究の糸口を得るといった，相互作用的な関わりが SLA 研究と英語教育の間には必ずあるに違いない。このような見地に立って，本書では，教室 SLA 研究の一部を解説し，その成果に基づいて英語学習および英語指導のあり方を実践的に検討した。本書の要点は次のようにまとめることができる。

(1) 第二言語習得とは学習者の中で何かが変わる現象である。特に重要な変化として，気づき，理解，内在化，統合などの認知プロセスがあり，これらの認知プロセスに統合的に働きかける学習および指導が第二言語運用能力を効果的に育てる。
(2) 第二言語のインプットを質・量ともに適切に浴び，インタラクション，アウトプットの機会を十分に得ることによって，第二言語習得の認知プロセスが促され，第二言語運用能力が育つ。

(3) 日本の英語教育で築き上げられてきた指導技術は，内容中心第二言語教育およびフォーカス・オン・フォームの枠組みの中で使われた場合，英語習得を効果的に促すことができる。
(4) 第二言語習得には，心理的な面において大きな個人差が見られる。
(5) ポライトネスがどのように第二言語で表されるのかを把握することが，学習者の社会言語能力を高める上で重要である。コミュニケーション・スタイルの違いを理解することは，異文化間コミュニケーションを進める上で大切である。
(6) なぜ目標言語を身につけるのか（目的），何を身につけるべきなのか（目標）という根源的な問題について学習者が明確な考えを持つことは重要である。第二言語学習に対する動機に作用するからである。

このような視点に立って，筆者は勤務する大学においてゼミの学生や「英語学習法」という英文学科の専門科目を履修する学生とともに，どのような英語学習法が効果的なのかを検討し，実際に実施しながら改良を重ねてきた。本書で扱った学習法が全ての英語学習者に適しているとはもちろん考えていない。あくまでも，第二言語習得に関する理論的研究の成果を具体的な英語学習実践に応用するいくつかの例を示したにすぎない。SLA研究が明らかにしてきたことを視点として英語学習を見直すというアプローチを採ると，自分の英語学習のあり方を客観的に見直すことが可能になる。たとえ部分的にではあっても，私たち英語学習者は根拠を持って自分の英語学習法を診断し，修正するようになることを，筆者は学生との実践の中から感じ取ってきた。その実践例の一部を，本書では紹介させていただいた。

英語教師が自分の指導を見直す上でも，SLA理論が役立つことを本書では示してきた。「はじめに」でも触れたように，SLA研究のような理論的研究から第二言語教育に携わる人が得られるのは，即効的な知識ではなく，基礎的な示唆である。研究の蓄積もまだ少ないし，研究方法の妥当性も実践に活かすことを考えると十分高いと言えない実証的研究もまだ多い。このような弱さも教室SLA研究ははらんでいることに注意しなければならない（R. Ellis, 1997b）。それでもなお，教室SLA研究は第二言語教師を

導いてくれる。教師が理論全てを闇雲に受け容れることなく，批判的な目を持って，自らの意思と能力で取捨選択すれば，教室SLA研究は英語教師にとって，最も重要な関連領域の1つになる。このことを本書の各章で具体的に示してきたつもりである。本書に示した英語指導技術のほとんどは，すでに日本の中学・高等学校の現場で広く用いられているものである。これらの指導技術が（適切に用いられれば）効果的であることは，現場の教師は経験的に分かっているはずであるが，本書では，それらがなぜ効果的なのか，教室SLA理論に基づいて説明を試みてみた。これまでに蓄積された研究成果に基づいて，第二言語学習が効果的に支援される条件をできるかぎり浮き彫りにしたつもりである。紙幅の制限のために指導技術の具体例は最低限に留めざるを得なかった。英語教育指導技術についての詳細は，岡・赤池・酒井（2004），金谷（2002），語学教育研究所（1988），小菅・小菅（1995），小林（1994），高梨（2005），薬袋（1994），村野井他（2001），渡辺（1994）などを参照していただきたい。

❷ 指導効果研究とアクション・リサーチ

　本書執筆に当たって筆者が拠り所にした研究の多くは，教室SLA研究の中でも「指導効果研究」（effects-of-instruction research）と呼ばれるものである。これは，第二言語習得の理論的モデルに基づいて，特定の指導（またはtreatment）を構築し，その指導の効果を理論的に予測した上で量的または質的に検証するものである（Doughty, 2003；Larsen-Freeman & Long, 1991；Long, 1988b；Robinson, 2001cなど参照）。このような実証的研究によって，第二言語習得がどのような要因に左右され，そしてそれはなぜかを説明することができるようになると期待される。現在のところ，指導効果研究の蓄積は，まだわずかなものでしかないが，このような研究をさらに積み重ねていくことによって第二言語習得メカニズムの解明が進められ，指導実践に対する示唆もさらに増えていくと思われる。

　教師が自分の抱える指導上の問題に対して，より実践的に役立つ情報・データを得ようとする場合には，指導の改善を直接の目的としたアクショ

ン・リサーチ（action research）を行うのが有効である（佐野，2005）。アクション・リサーチは，問題の特定→事前調査→リサーチ・クエスチョン設定→計画の実行→結果の検証→評価→結果公表の手順で行われるのが一般的であり，目の前にある問題に対して調査を行い，その結果に基づいて問題解決のための行動を起こすことを目的としている。アクション・リサーチは，現実の教室環境で指導の一環として行うことが多いため，実験的な研究手法を採るSLA研究に比べ，研究の緻密さが低くなり，得られる結果も研究対象となった学習者だけに当てはまるという制限がつくことが少なくない。このような弱さはあるものの，現実の問題に対して，それに直接関わる人間が現実行動として研究を行う点において，アクション・リサーチの価値は高い（白畑他，1999）。アクション・リサーチは直接的な問題解決をめざしたリサーチであり，第二言語習得のメカニズムについて記述，説明をめざしたSLA研究とは目的を異にした研究であると言える。実践に即したアクション・リサーチと基盤研究としてのSLA研究は，相補的に第二言語教師を支えることは言うまでもない。

❸ 英語教員養成課程における第二言語習得理論

現在，大学における英語教員養成課程では，教科に関する専門科目として，4つの領域が設定されている。それは，英語学，英米文学，英語コミュニケーション，比較文化（外国事情を含む）の4つである。これに教職に関する科目である英語科教育法を加えて英語教師養成課程の中心的カリキュラムが構成されている。大学によっては，SLA理論や第二言語習得に関わる科目を独自に開講し，上記のいずれかの領域に組み込んでいるところもあるが，教員免許法上，第二言語習得に関する科目は必要とされていないのである。第二言語教師にとって土台となるSLA研究が，現在のところ制度上は，教職課程の中に居場所がなく，無視されていると言える。本書で例示したように，SLA研究は英語教員をさまざまな点で支えるものなのであるから，今後，早急に英語教員養成カリキュラムの中に組み込まれることを筆者は心から願う。現行の英語教員養成課程は，SLA研究

189

だけではなく，他にも補うべき点がある。海外の第二言語教員養成カリキュラムなどを参考にすると，英語教師養成のためには少なくとも以下のような領域と科目で構成されることが望まれる。

(1) **英語教育専門科目**：
英語教育基礎論（目的，目標，英語教師論等を含む），<u>第二言語習得論</u>，英語教育方法論，英語教育実践研究（実技演習），英語教材論，英語評価論（言語テスティングを含む），英語教育研究法（アクション・リサーチ等を含む）など

(2) **英語運用能力育成科目**：
英語コミュニケーションなど実技科目，海外研修，異文化交流・国際協力体験など

(3) **英語および言語に関する科目**：
英語学，英語音声学，英語圏の文化・文学，応用言語学，社会言語学（World Englishes 等を含む），コーパス言語学，異文化間コミュニケーション論，国際理解教育論など

(4) **教職に関する科目**：
教育原理，教育心理学，教育相談，教育評価，教育実習など

あくまでも筆者個人の私案ではあるが，専門職としての英語教師を養成するためには，このような英語教員養成カリキュラムを構築することが急務であると思われる。

❹ 応用言語科学としての SLA 研究の広がり

言語や言語習得に関わる理論研究を言語教育などの実践面に応用する分野は応用言語学（applied linguistics）と呼ばれ，長い歴史を持っている（小池，2003）。応用言語学は発展するにつれ，柱となる理論研究が言語学に留まらず，心理学，心理言語学，社会言語学などさまざまな領域に広がり続けている。応用言語学から，応用言語科学（applied language sciences）に変容しつつあると言えよう。今後は脳科学との接点が急速に広がり，新たな地平が広がることが予想されている。SLA 研究にも同じ多

様化の流れが見られ，生成文法理論に基づく SLA 研究から，社会文化理論のような社会における人と人との関わりを重視したアプローチまで，さまざまな視点から第二言語習得に対する探求がものすごい勢いで進んでいる。このような，新しい研究分野特有の広がりは SLA 研究の魅力の1つなのではないだろうか。本書においても，このような広がりを反映させながら，応用言語科学的なアプローチを採ったが，SLA 研究を網羅的に紹介しているわけではないことにご注意いただきたい。本書では，英語学習実践および英語指導実践への応用を中心的な目的としているため，本書の構成は，SLA 研究についての体系的な理解を得るようにはなっていない。SLA 研究の全体像をつかみ，さらに SLA 研究について知りたいという読者には，以下のような文献をお薦めしたい：

◆ SLA への入門書

Ellis, R. (1997). *Second language acquisition*. Oxford University Press.

白井恭弘（2004）『外国語学習に成功する人，しない人―第二言語習得論への招待』岩波書店

◆ SLA 研究概説書

小池生夫（編）（2004）『第二言語習得研究の現在―これからの外国語教育への視点』大修館書店

小柳かおる（2003）『日本語教師のための新しい言語習得概論』スリーエーネットワーク

Cook, V. J. (2001). *Second language learning and language teaching* (3rd ed.). Arnold.

Ellis, R. (1994). *The study of second language acquisition*. Oxford University Press.

Gass, S. & Selinker, L. (2000). *Second language acquisition : An introductory course* (2nd ed.). Lawrence Erlbaum.

Lightbown, P. & Spada, N. (1999). *How languages are learned* (revised ed.). Oxford University press.

Mitchell, R. & Myles, F. (2004). *Second language learning theories* (*2nd ed.*). Arnold.

◆ SLA 各論に関する論文集

Doughty, C. J. & Long, M. H. (Eds.). (2003). *The handbook of second language acquisition.* Blackwell.

Hinkel, E. (Ed.). (2005). *Handbook of research in second language teaching and learning.* Lawrence and Erlbaum.

これ以外にも SLA 関連の文献は数多く出版されている。研究論文は *Studies in Second Language Acquisition*, *Applied Linguistics*, *Language Learning*, *Second Language Research*, *Modern Language Journal*, *TESOL Quarterly* などの学術誌に，さまざまなトピックを扱ったものが多数掲載され続けている。これらの学術誌を見ると，SLA 研究の裾野が急速に広がっているのを目の当たりにすることができる。

❺ おわりに

本書が基盤とする SLA 研究に，筆者は今から20数年前，大学を卒業して非常勤講師として高等学校の教壇に立った年に出会った。当時在籍していた法政大学大学院で開講されていた英語教育学演習の中で小池生夫先生（現明海大学教授）から，SLA 研究という生まれたての研究分野があり，応用言語学という研究領域が存在していることを教えていただく機会に恵まれた。英語教育の支柱となる研究分野があることを知り，非常に心強く感じたのを覚えている。それ以来，法政一中・高の英語科教諭，ミシシッピ大，ジョージタウン大の日本語講師，東北学院大学英文学科の教員として，SLA 研究を学びながら，第二言語を教えるという職業を続けているが，この間ずっと SLA 研究と第二言語教育実践の間には明確な相互作用があることを実感し続けている。心からおもしろいと思える研究分野と職業にめぐり合えて本当に幸運であったと思う。

第二言語を身につけ，ことば，文化，価値観の異なる人と対話をする力を育てることは，共生を求める人類にとってきわめて重要である。第二言語習得とは，私たちがより豊かに生きるために必要な人間的な営みであり，その営みに直接関わることを使命とするのが第二言語教師である。このような重要な仕事であるからこそ，暗中模索ではなくしっかりと進む方向を明らかにして進んで行こうとしなければならないのだと筆者は考える。その方向を見極める上で支えになる関連分野の1つとしてSLA研究がある。人が第二言語を身につけるということの不思議さ，複雑さ，奥深さに直接向かい合うこの研究分野に，一人でも多くの第二言語教師，第二言語学習者が魅せられ，そのおもしろさ，そして大切さをともに分かち合えるようになることを心から願っている。

参考文献

Alanen, R. (1995). Input enhancement and rule presentation in second language acquisition. In R. Schmidt (Ed.), *Attention & awareness in foreign language learning* (pp. 259-302). Hawaii: University of Hawaii Press.

Alatis, J. (Ed.). (1993). *Georgetown University Round Table on Languages and Linguistics 1993: Strategic interaction and language acquisition: Theory, practice, and research.* Washington, D. C.: Georgetown University Press.

Allen, P., Swain, M., Harley, B. & Cummins, J. (1990). Aspects of classroom treatment: Toward a more comprehensive view of second language education. In B. Harley, P. Allen, J. Cummins & M. Swain (Eds.), *The development of second language proficiency* (pp. 57-81). Cambridge, UK: Cambridge University Press.

Anderson, J. (2001). *Cognitive psychology and its implications* (5th ed.). New York: Worth Publishers.

Bachman, L. (1990). *Fundamental considerations in language testing.* Oxford, UK: Oxford University Press.［池田央・大友賢二（監訳）(1997)『言語テスト法の基礎』CSL学習評価研究所］

Bachman, L. & Palmer, A. (1996). *Language testing in practice.* Oxford, UK: Oxford University Press.［大友賢二・ランドルフ・スラッシャー（訳）(2000)『実践言語テスト作成法』大修館書店］

Beebe, L. (Ed.). (1987). *Issues in second language acquisition: Multiple perspectives.* Boston, MA: Heinle & Heinle.［島岡丘（監修）(1998)『第二言語習得の研究—5つの視点から』大修館書店］

Bley-Vroman, R. (1986). Hypothesis testing in second-language acquisition theory. *Language Learning, 36,* 3, 353-376.

Bley-Vroman, R. (1989). The logical problem of second language learning. In S. Gass & J. Schachter (Eds.), *Linguistic perspectives on second language acquisition* (pp. 41-68). Cambridge, UK: Cambridge University Press.

Blundel, J., Higgens, J. & Middlemiss, N. (1981). *Function in English.* Oxford, UK: Oxford University Press.

Brinton, D., Snow, M. & Wesche, M. (Eds.). (1989). *Content-based second language instruction.* Boston, MA: Newbury House.

Brown, H. D. (2000). *Principles of language learning and teaching* (4th ed.). New York, NY: Pearson Education/Longman.

Brown, P. & Levinson, S. D. (1987). *Politeness: Some universals in language usage.* Cambridge, UK: Cambridge University Press.

Bygate, M. (2001). Effects of task repetition on the structure and control of oral language. In M. Bygate, P, Skehan & M. Swain (Eds.), *Researching pedagogic tasks: Second language learning, teaching and testing* (pp. 23-48). London: Longman.

Bygate, M, Skehan, P. & Swain, M. (Eds.). (2001). *Researching pedagogic tasks: Second language learning, teaching and testing.* London: Longman.

Byram, M. (1997). *Teaching and assessing intercultural communicative competence.* Clevedon, UK: Multilingual Matters.

Canale, M. (1983). Form communicative competence to communicative language pedagogy. In J. Richards & R. Schmidt (Eds.), *Language and communication* (pp. 2-27). London, UK: Longman.

Canale, M. & Swain, M. (1980). Theoretical bases of communicative approaches to second language teaching and testing. *Applied Linguistics, 1,* 1, 1-47.

Car, T. & Curran, T. (1994). Cognitive factors in learning about structured sequences: Applications to syntax. *Studies in Second Language Acquisition, 16,* 2, 205-230.

Carroll, S. (2000). *Input and evidence: The raw material of second language acquisition.* Amsterdam/Philadelphia: John Benjamins.

Cohen, A. D. (1996). Speech acts. In S. L. McKay & N. H. Hornberger (Eds.), *Sociolinguistics and language teaching* (pp. 383-420). Cambridge, UK: Cambridge University Press.

Cook, V. (1985). Chomsky's Universal Grammar and second language learning. *Applied Linguistics, 6,* 1, 2-18.

Cook, V. J. (1993). *Linguistics and second language acquisition.* New York: St. Martin's Press.

Cook, V. J. (2001). *Second language learning and language teaching* (3rd ed.). London, UK: Arnold.

Corder, P. (1973). *Introducing applied linguistics.* Harmondsworth, UK: Penguin Books.

Council of Europe (2001). *Common European framework of reference for languages: Learning, teaching, assessment.* Cambridge, UK: Cambridge University Press. ［吉島茂・大橋理枝他（訳）(2004)『外国語教育II　外国語の学習，教授，評価のためのヨーロッパ共通参照枠』朝日出版社］

Crookes, G. & Gass, S. (Eds.). (1993). *Tasks and language learning: Integrating theory and practice.* Clevedon, UK: Multilingual Matters.

Crystal, D. (1997). *English as a global language.* Cambridge, UK: Cambridge University Press. ［國弘正雄(訳)(1999)『地球語としての英語』みすず書房］

de Bot, K. (1996). The psycholinguistics of the output hypothesis. *Language Learn-*

195

ing, 46, 3, 529-555.
Deci, E. L. & Ryan, R. M. (1985). *Intrinsic motivation and self-determination in human behavior.* New York: Plenum.
DeKeyser, R. (1995). Learning second language grammar rules: An experiment with a miniature linguistic system. *Studies in Second Language Acquisition, 17,* 3, 379-410.
DeKeyser, R. (2001). Automaticity and automatization. In P. Robinson (Ed.), *Cognition and second language instruction* (pp. 125-151). Cambridge: Cambridge University Press.
DeKeyser, R. (2003). Implicit and explicit learning. In C. J. Doughty & M. Long (Eds.), *The handbook of second language acquisition* (pp. 313-348). Oxford: Blackwell.
DeKeyser, R. (Ed.). (in press). *Practicing in a second language: Perspectives from applied linguistics and cognitive psychology.* Cambridge, UK: Cambridge University Press.
Di Petro, R. (1987). *Strategic interaction: Learning languages through scenarios.* Cambridge, UK: Cambridge University Press.
Dörnyei, Z. (1994). Motivation and motivating in the foreign language classroom. *Modern Language Journal, 78,* 273-284.
Dörnyei, Z. (2001a). *Motivational strategies in the language classroom.* Cambridge, UK: Cambridge University Press. ［米山朝二・関昭典（訳）(2005)『動機づけを高める英語指導ストラテジー35』大修館書店］
Dörnyei, Z. (2001b). *Teaching and researching motivation.* Harlow, UK: Longman.
Dörnyei, Z. (2003). Attitudes, orientations, and motivations in language learning: Advances in theory, research, and applications. *Language Learning, 53,* Supplement 1, 3-32.
Dörnyei, Z. & Kormos, J. (1998). Problem-solving mechanisms in L2 communication: A psycholinguistic perspective. *Studies in Second Language Acquisition. 20,* 3, 349-385.
Doughty, C. (2001). Cognitive underpinnings of focus on form. In P. Robinson (Ed.), *Cognition and second language instruction* (pp. 206-257). New York: Cambridge University Press.
Doughty, C. J. (2003). Instructed SLA: Constraints, compensation, and enhancement. In C. J. Doughty & M. Long (Eds.), *The handbook of second language acquisition* (pp. 256-310). Oxford: Blackwell.
Doughty, C. J. & Long, M. (Eds.). (2003a). *The handbook of second language acquisition.* Oxford, UK: Blackwell.
Doughty, C. J. & Long, M. (2003b). Optimal psycholinguistic environments for distance foreign language learning. *Language Learning & Technology, 7,* 3, 50-80.

Doughty, C. & Varela, E. (1998). Communicative focus on form. In C. Doughty & J. Williams (Eds.), *Focus on form in classroom second language acquisition* (pp. 114-138). New York: Cambridge University Press.

Doughty, C. & Williams, J. (1998). Pedagogical choices in focus on form. In C. Doughty & J. Williams (Eds.), *Focus on form in classroom second language acquisition* (pp. 197-261). New York: Cambridge University Press.

Duff, P. (1986). Another look at interlanguage talk: Talking task to task. In R. Day (Ed.), *Talking to learn: Conversation in second language acquisition* (pp. 147-181). Rowley, MA: Newbury House.

Ellis, N. (1993). Rules and instances in foreign language learning: Interactions of explicit and implicit knowledge. *European Journal of Cognitive Psychology, 5,* 289-318.

Ellis, N. (Ed.). (1994). *Implicit and explicit learning of languages.* London, UK: Academic Press.

Ellis, N. (2002). Frequency effects in language processing: A review with implications for theories of implicit and explicit language acquisition. *Studies in Second Language Acquisition, 24,* 2, 143-188.

Ellis, N. (2005). At the interface: Dynamic interactions of explicit and implicit language knowledge. *Studies in Second Language Acquisition, 27,* 2, 305-352.

Ellis, R. (1994). *The study of second language acquisition.* Oxford: Oxford University Press.

Ellis, R. (1997a). *SLA research and language teaching.* Oxford: Oxford University Press.

Ellis, R. (1997b). SLA and language pedagogy: An educational perspective. *Studies in Second Language Acquisition, 19,* 1, 69-92.

Ellis, R. (1997c). *Second language acquisition.* Oxford, UK: Oxford University Press.

Ellis, R. (2001). Investigating form-focused instruction. In R. Ellis (Ed.), *Form-focused instruction and second language learning* (pp. 1-46). Oxford, UK: Blackwell.

Ellis, R. (2003). *Task-based language learning and teaching.* Oxford, UK: Oxford University Press.

Farrar, M. (1990). Discourse and the acquisition of grammatical morphemes. *Journal of Child Language, 17,* 607-624.

Farrar, M. (1992). Negative evidence and grammatical morpheme acquisition. *Developmental Psychology, 28,* 1, 90-98.

Finocchiaro, M. & Brumft, C. (1983). *The functional-notional approach: From theory to practice.* Oxford, UK: Oxford University Press.

Fisher, S. & Hicks, D. (1985). *World Studies 8-13: A teacher's handbook.* Edinburgh: Oliver & Boyd.

Foster, P. & Skehan, P. (1996). The influence of planning on performance in task-based learning. *Studies in Second Language Acquisition, 18,* 3, 299-324.

Fotos, S. (1994). Integrating grammar instruction and communicative language use through grammar consciousness-raising tasks. *TESOL Quarterly, 28,* 2, 323-351.

Fotos, S. & Ellis, R. (1999). Communicating about grammar. In R. Ellis (Ed.), *Learning a second language through interaction* (pp. 189-208). Amsterdam/Philadelphia: John Benjamins.

Fukuya, Y., Reeve, M., Gisi, J. & Christianson, M. (1998). Does focus on form work for teaching sociolinguistics? Paper presented at the Annual Meeting of the International Conference in Pragmatics and Language Learning. ERIC Document No. 452736.

Gardner, R. C. & Lambert, W. E. (1972). *Attitudes and motivation in second language learning.* Rowley, MA: Newbury House.

Gass, S. (1988). Integrating research areas: A framework for second language studies. *Applied Linguistics, 9,* 198-217.

Gass, S. (1997). *Input, interaction, and the second language learner.* Mahwah, NJ: Lawrence Erlbaum Associates.

Gass, S. (2003). Input and interaction. In C. J. Doughty & M. Long (Eds.), *The handbook of second language acquisition* (pp. 224-255). Oxford, UK: Blackwell.

Gass, S. & Selinker, L. (2001). *Second language acquisition: An introductory course* (2nd ed.). Mahwah, NJ: Lawrence Erlbaum Associates.

Giles, H. & Byrne, J. L. (1982). An intergroup approach to second language acquisition. *Journal of Multicultural and Multilingual Development, 3,* 17-40.

Han, Z. (2002). A study of the impact of recasts on tense consistency in L2 output. *TESOL Quarterly, 36,* 543-572.

Harmer, J. (2001). *The practice of English language teaching* (3rd ed.). London, UK: Longman.

Hawkins, R. (2001). *Second language syntax.* Oxford, UK: Blackwell.

Horwitz, E. K., Horwitz, M. B., & Cope, J. (1986). Foreign language classroom anxiety. *Modern Language Journal, 70,* 125-132.

Horwitz, E. & Young, D. (Eds.) (1991). *Language anxiety: From theory and research to classroom implications.* Englewood Cliffs, NJ: Prentice Hall.

Hudson, T., Detmer, E. & Brown, J. D. (1995). *Developing prototypic measures of cross-cultural pragmatics.* Hawai'i: Second Language Teaching & Curriculum Center, University of Hawai'i at Manoa.

Hulstijn, J. (2001). Intentional and incidental second language vocabulary learning: A reappraisal of elaboration, rehearsal and automaticity. In P. Robinson (Ed.), *Cognition and second language instruction* (pp. 258-286). New York: Cambridge University Press.

Hulstijn, J. (2003). Incidental and intentional learning. In C. J. Doughty & M. Long (Eds.), *The handbook of second language acquisition* (pp. 349-381). Oxford:

Blackwell.

Izumi, S. (2002). Output, input enhancement, and the noticing hypothesis. *Studies in Second Language Acquisition, 24,* 4, 541-577.

Izumi, S. (2003). Comprehension and production processes in second language learning: In search of the psycholinguistic rationale of the output hypothesis. *Applied Linguistics, 24,* 2, 168-196.

Johnson, K. (1996). *Language teaching & skill learning.* Oxford, UK: Blackwell.

Johnson, J., Prior, S. & Artuso, M. (2000). Field independence as a factor in second language communicative production. *Language Learning, 50,* 3, 529-567.

Jones, L. & von Baeyer, C. (1983). *Functions of American English: Communication activities for the classroom.* Cambridge, UK: Cambridge University Press.

Jourdenais, R., Ota, M. Stauffer, S., Boyson, B. & Doughty, C. (1995). Does textual enhancement promote noticing?: A think-aloud protocol analysis. In R. Schmidt (Ed.), *Attention & awareness in foreign language learning* (pp. 183-216). Hawai'i: University of Hawai'i Press.

Kachru, B. (1986). *The alchemy of English: The spread, functions and models of non-native Englishes.* Oxford, UK: Pergamon.

Kasper, G. & Blum-Kulka, S. (Eds.). (1993). *Interlanguage pragmatics.* Oxford, UK: Oxford University Press.

Kirkpatrick, B. (2004). *English for social interaction: Social expressions.* Singapore: Learners Publishing.

Kowal, M. & Swain, M. (1994). Using collaborative language production tasks to promote students' language awareness. *Language Awareness, 3,* 73-93.

Krashen, S. (1982). *Principles and practice in second language acquisition.* Oxford: Pergamon.

Krashen, S. (1985). *The input hypothesis: Issues and implications.* London: Longman.

Krashen, S. (1994). The pleasure hypothesis. In J. Alatis (Ed.), *Georgetown University Round Table on Languages and Linguistics 1994* (pp. 299-322). Washington, D.C.: Georgetown University Press.

Krashen, S. & Terrell, T. (1983). *The Natural Approach: Language acquisition in the classroom.* Oxford: Pergamon/Alemany.

Lantlof, J. (Ed.). (2000). *Sociocultural theory and second language learning.* Oxford, UK: Oxford University Press.

Lantolf, J. (2005). Sociocultural and second language learning research: An exegesis. In E. Hinkel (Ed.), *Handbook of research in second language teaching and learning* (pp. 335-353). Mahwah, NJ: Lawrence Erlbaum.

Larsen-Freeman, D. (2001). Teaching grammar. In M. Celce-Murcia (Ed.), *Teaching English as a second or foreign language* (3rd ed.) (pp. 251-266). Boston, MA: Heinle & Heinle.

Larsen-Freeman, D. (2003). *Teaching language: From grammar to grammaring.*

Boston, MA: Heinle & Heinle.

Larsen-Freeman, D. & Long, M. (1991). *An introduction to second language acquisition research*. New York: Longman.

Laufer, B. & Hulstijn, J. (2001). Incidental vocabulary acquisition in a second language: The construct of task-induced involvement. *Applied Linguistics, 22,* 1, 1-26.

Leech, G. (1989). *An A-Z of English grammar & usage*. London, UK: Longman.

Leech, G. & Svartvik, J. (1994). *A communicative grammar of English (2nd ed.)*. London, UK: Longman.

Levelt, W. J. M. (1989). *Speaking: From intention to articulation*. Cambridge, MA: MIT Press.

Lightbown, P. & Spada, N. (1993). *How languages are learned (revised ed.)*. Oxford: Oxford University Press.

Littlemore, J. (2001). An empirical study of the relationship between cognitive style and the use of communication strategy. *Applied Linguistics, 22,* 2, 241-265.

Long, M. (1983). Linguistic and conversational adjustments to non-native speakers. *Studies in Second Language Acquisition, 5,* 2, 177-193.

Long, M. (1988a). Focus on form: A design feature in language teaching methodology. Paper presented at the European-North-American Symposium on Needed Research in Foreign Language Education, Bellagio, Italy.

Long, M. (1988b). Instructed interlanguage development. In L. Beebe (Ed.), *Issues in second language acquisition: Multiple perspectives* (pp. 115-141). Rowley, MA: Newbury House.

Long, M. (1991). Focus on form: A design feature in language teaching methodology. In K. de Bot, R. Ginsberg, & C. Kramsch (Eds.), *Foreign language research in cross-cultural perspective* (pp. 39-52). Amsterdam: John Benjamins.

Long, M. (1996). The role of the linguistic environment in second language acquisition. In W. C. Ritchie & T. K. Bhatia (Eds.), *Handbook of second language acquisition* (pp.413-468). San Diego, CA: Academic Press.

Long, M. (2004). Second language acquisition theories. In M. Byram (Ed.), *Routledge encyclopedia of language teaching and learning (pp. 527-534)*. New York: Routledge.

Long, M., Inagaki, S., & Ortega, L. (1998). The role of implicit negative feedback in SLA: Models and recasts in Japanese and Spanish. *Modern Language Journal, 82,* 357-371.

Long, M. & Robinson, P. (1998). Focus on form: Theory, research, and practice. In C. Doughty & J. Williams (Eds.), *Focus on form in classroom second language acquisition* (pp. 15-41). New York: Cambridge University Press.

Loschky, L. & Bley-Vroman, R. (1993). Grammar and task-based methodology. In G. Crookes & S. Gass (Eds.), *Tasks in language learning: Integrating theory and practice* (pp. 123-167), Clevendon, Avon: Multilingual Matters.

MacIntyre, P., Clément, R., Dörnyei, Z. & Noels, K. (1998). Conceptualizing willingness to communicate in a L2: A situational model of L2 confidence and affiliation. *Modern Language Journal, 82,* 545-562.

MacIntyre, P. & Gardner, R. (1989). Anxiety and second language learning: Toward a theoretical clarification. *Language Learning, 39,* 2, 251-275.

Mackey, A. (1999). Input, interaction, and second language development: An empirical study of question formation in ESL. *Studies in Second Language Acquisition, 21,* 4, 557-587.

Mackey, A., Philp, J., Egi, T., Fujii, A., & Tatsumi, T. (2002). Individual differences in working memory, noticing of interactional feedback and L2 development. In P. Robinson (Ed.), *Individual differences and instructed language learning* (pp. 181-209). Amsterdam/Philadelphia: John Benjamins.

McKay, S. L. (2003). *Teaching English as an international language.* Oxford, UK: Oxford University Press.

McKay, S. & Hornberger, N. (Eds.). (1996). *Sociolinguistics and language teaching.* Cambridge, UK: Cambridge University Press.

McLaughlin, B. (1987). *Theories of second-language learning.* London: Edward Arnold.

McLaughlin, B. (1990). Restructuring. *Applied Linguistics, 11,* 2, 113-128.

Mejias, H., Applebaum, R., Applebaum, S. & Trotter II, R. (1991). Oral communication apprehension and Hispanics: An exploration of oral communication apprehension among Mexican American students in Texas. In E. Horwitz & D. Young (Eds.), *Language anxiety: From theory and research to classroom implications* (pp. 87-97). Englewood Cliffs, NJ: Prentice Hall.

Mitchell, R. & Myles, F. (2004). *Second language learning theories (2nd ed.).* London, UK: Arnold.

Moriwaki, A. (2005). *A strategy to control tension when using English as a foreign language in Japan: Application of Cognitive-Behavioral Therapy.* BA thesis, Tohoku Gakuin University.

Muranoi, H. (1996). *Effects of interaction enhancement on restructuring of interlanguage grammar: A cognitive approach to foreign language instruction.* Ph. D. Dissertation. Georgetown University.

Muranoi, H. (2000). Focus on form through interaction enhancement: Integrating formal instruction into a communicative task in EFL classrooms. *Language Learning, 50,* 4, 617-673.

Muranoi, H. (2002). Facilitating L2 hypothesis formulation and testing through focus on form. Paper presented at AILA 2002, Singapore.

Muranoi, H. (2007). Output practice in the L2 classroom. In R. DeKeyser (Ed.), *Practice in a second language: Perspectives from applied linguistics and cognitive psychology*. Cambridge, UK: Cambridge University Press.

Nation, P. (2005). Teaching and learning vocabulary. In E. Hinkel (Ed.), *Handbook of research in second language teaching and learning* (pp. 581-595). Mahwah, NJ: Lawrence Erlbaum.

Nation, P. (2001). *Learning vocabulary in another language*. Cambridge, UK: Cambridge University Press.

Nelson, K. (1987). Some observations from the perspective of the rare event cognitive comparison theory of language acquisition. In K. Nelson & A. van Kleeck (Eds.), *Children's language, Volume 6*. Norwood, NJ: Erlbaum.

Nishiyama, S. (1995). Speaking English with a Japanese mind. *World Englishes, 14,* 1, 27-36.

Norris, J. & Ortega, L. (2000). Effectiveness of L2 instruction: A research synthesis and quantitative meta-analysis. *Language Learning, 50,* 3, 417-528.

Nunan, D. (1999). *Second language teaching & learning*. Boston, MA: Heinle & Heinle.

Nunan, D. (2004). *Task-based language teaching*. Cambridge, UK: Cambridge University Press.

Ohta, A. (2001). *Second language acquisition processes in the classroom: Learning Japanese*. Mahwah, NJ: Lawrence Erlbaum.

O'Malley, M. & Chamot, A. (1990). *Learning strategies in second language acquisition*. Cambrdige, UK: Cambridge University Press.

Ortega, L. (1999). Planning and focus on form in L2 oral performance. *Studies in Second Language Acquisition, 21,* 1, 109-148.

Oxford, R. (1990). *Language learning strategies: What every teacher should know*. New York: Newbury House/Harper Collins.

Oxford, R. (2001). Language learning strategies. In R. Carter & D. Nunan (Eds.), *The Cambridge guide to teaching English to speakers of other languages* (pp. 166-172). Cambridge, UK: Cambridge University Press.

Pica, T. (1994). Research on negotiation: What does it reveal about second language learning conditions, processes, and outcomes? *Language Learning, 44,* 3, 493-527.

Pica, T., Kanagy, R., & Falodun, J. (1993). Choosing and using communication tasks for second language instruction and research. In G.. Crookes & S. Gass (Eds.), *Tasks in a pedagogical context: Integrating theory & practice* (pp. 9-34). Clevedon, UK: Multilingual Matters.

Pienemann, M. (1984). Psychological constraints on the teachability of language. *Studies in Second language Acquisition, 6,* 2, 186-212.

Pienemann, M. (1989). Is language teachable? *Applied Linguistics, 10,* 1, 52-79.

Pienemann, M. (1998). *Language processing and second language development: Processability theory*. Amsterdam, The Netherland: John Benjamins.

Pienemann, M. (2003). Language processing capacity. In C. J. Doughty & M. Long (Eds.), *The handbook of second language acquisition* (pp. 679-714). Oxford, UK: Blackwell.

Preston, D. (1989). *Sociolinguistics and second language acquisition*. Oxford, UK: Blackwell.

Robinson, P. (1996a). *Consciousness, rules, and instructed second language acquisition*. New York: Peter Lang.

Robinson, P. (1996b). Learning simple and complex second language rules under implicit, incidental, rule-search and instructed conditions. *Studies in Second Language Acquisition, 18*, 1, 27-68.

Robinson, P. (2001a). Task complexity, cognitive resources, and syllabus design: A triadic framework for examining task influences on SLA. In P. Robinson (Ed.), *Cognition and second language instruction* (pp. 287-353). Cambridge, UK: Cambridge University Press.

Robinson, P. (2001b). Task complexity, task difficulty, and task production: Exploring interactions in a componential framework. *Applied Linguistics, 22*, 1, 27-57.

Robinson, P. (Ed.). (2001c). *Cognition and second language instruction*. Cambridge, UK: Cambridge University Press.

Robinson, P. (2003). Attention and memory during SLA. In C. J. Doughty & M. Long (Eds.). *The handbook of second language acquisition* (pp. 631-678). Oxford, UK: Blackwell.

Rose, K. & Kasper, G. (Eds.). (2001). *Pragmatics in language teaching*. Cambridge, UK: Cambridge University Press.

Rubin, J. & Thompson, I. (1994). *How to be a successful language learner* (2nd ed.) Boston, MA: Heinle & Heinle.

Rutherford, W. & Sharwood Smith, M. (Eds.). (1988). *Grammar and second language teaching*. New York: Newbury House.

Sanz, C. & Morgan-Short, K. (2003). Positive evidence vs. explicit rule presentation and explicit negative feedback: A computer-assisted study. *Language Learning, 53*, 1, 35-78.

Schachter, J. (1984). A universal input condition. In W. Rutherford (Ed.), *Language universals and second language acquisition* (pp. 167-183). Amsterdam/Philadelphia: John Benjamins.

Schachter, J. (1993). A new account of language transfer. In S. Gass & L. Selinker (Eds.), *Language transfer in language learning* (2nd ed.), (pp. 32-46). Amsterdam: John Benjamins.

Schmidt, R. (1990). The role of consciousness in second language learning. *Applied Linguistics, 11*, 2, 17-46.

Schmidt, R. (1992). Psychological mechanisms underlying second language fluency.

Studies in Second Language Acquisition, 14, 4, 357-385.

Schmidt, R. (1993). Consciousness, learning, and interlanguage pragmatics. In G. Kasper & S. Blum-Kulka (Eds.), *Interlanguage pragmatics* (pp. 19-42). Oxford, UK: Oxford University Press.

Schmidt, R. (1994). Deconstructing consciousness in search of useful definitions for applied linguistics. *AILA Review, 11,* 11-26.

Schmidt, R. (Ed.). (1995). *Attention & awareness in foreign language learning*. Hawai'i, HI: Second Language Teaching & Curriculum Center, University of Hawai'i at Manoa.

Schmidt, R. (1995). Consciousness and foreign language learning: A tutorial on the role fo attention and awareness in learning. In R. Schmidt, (Ed.), *Attention & awareness in foreign language learning* (pp. 1-63). Hawai'i, HI: Second Language Teaching & Curriculum Center, University of Hawai'i at Manoa.

Schmidt, R. (2001). Attnetion. In P. Robinson (Ed.), *Cognition and second language instruction* (pp. 3-32). Cambridge : Cambridge University Press.

Schumann, J. (1978). *The pidginization process: A model for second language acquisition*. Rowley, MA: Newbury House.

Schumann, J. (1998). The neurobiology of affect in language. *Language Learning, 48,* Supplement 1.

Scollon, R. & Scollon, S. (2001). *Intercultural communication (2nd ed.)*. Oxford, UK: Blackwell.

Selinker, L. (1972). Interlanguage. *International Review of Applied Linguistics, 10,* 3, 209-231.

Sharwood Smith, M. (1991). Speaking to many minds: on the relevance of different types of language information for the L2 learner. *Second Language Research, 7,* 2, 118-132.

Sharwood Smith, M. (1993). Input enhancement in instructed SLA: Theoretical bases. *Studies in Second Language Acquisition, 15,* 2, 165-179.

Shrum, J. L. & Glisan, E. W. (2000). *Teacher's handbook: Contextualized language instruction (2nd ed.)*. Boston, MA: Heinle.

Skehan, P. (1996). A framework for the implementation of task-based instruction. *Applied Linguistics, 17,* 1, 38-62.

Skehan, P. (1998). *A cognitive approach to language learning*. Oxford: Oxford University Press.

Skehan, P. & Foster, P. (1997). Task type and task processing conditions as influences on foreign language performance. *Language Teaching Research, 1,* 3, 185-211.

Spratt, M., Pulverness, A. & Williams, M. (2005). *The TKT course: Teaching knowledge test*. Cambridge, UK: Cambridge University Press.

Stewart, I. & Joines, V. (1987). *TA today: A new introduction to transactional analysis*. Chapel Hill, NC: Lifespace Publishing.［深沢道子（監訳）（1991）『TA Today 最新・交流分析入門』実務教育出版］

Strong, M. (1984). Integrative motivation: Cause or result of second language acquisition? *Language Learning, 34,* 1, 1-13.

Swain, M. (1985). Communicative competence: Some roles of comprehensible input and comprehensible output in its development. In S. Gass & C. Madden (Eds.), *Input in second language acquisition* (pp. 235-253). Cambridge, MA: Newbury House.

Swain, M. (1995). Three functions of output in second language learning. In G. Cook & B. Seidlhoffer (Eds.), *Principles & practice in applied linguistics: Studies in honor of H.G. Widdowson* (pp. 125-144). Oxford: Oxford University Press.

Swain, M. (1998). Focus on form through conscious reflection. In C. Doughty & J. Williams (Eds.), *Focus on form in classroom second language acquisition* (pp.64-81). New York: Cambridge University Press.

Swain, M. (2005). The output hypothesis: Theory and research. In E. Hinkel (Ed.), *Handbook of research in second language teaching and learning* (pp. 471-483). Mahwah, NJ: Lawrence Erlbaum.

Swain, M., & Lapkin, S. (1995). Problems in output and the cognitive processes they generate: A step towards second language learning. *Applied Linguistics, 16,* 371-391.

Takashima, H. & Ellis, R. (1999). Output enhancement and the acquisition of the past tense. In R. Ellis (Ed.), *Learning a second language through interaction* (pp. 173-188). Amsterdam/Philadelphia: John Benjamins.

Tannen, D. (1987). *That's not what I meant: How conversational style makes or breaks relationships*. New York, NY: Ballantine Publishing.

Tannen, D. (1994). *Talking from 9 to 5: Women and men in the workplace: Language, sex and power*. New York, NY: A Von Books.

Tarone, T. & Liu, G. Q. (1995). Situational context, variation, and second language acquisition theory. In G. Cook & B. Seidlhoffer (Eds.), *Principles & practice in applied linguistics: Studies in honor of H.G. Widdowson* (pp. 107-124). Oxford: Oxford University Press.

Terrell, T. (1991). The role of grammar instruction in a communicative approach. *The Modern Language Journal, 75,* i, 52-63.

Tomasello, M. & Herron, C. (1988). Down the garden path: Inducing and correcting overgeneralized errors in the foreign language classroom. *Applied Psycholinguistics, 9,* 237-246.

Tomasello, M. & Herron, C. (1989). Feedback for language transfer errors: The garden path techniques. *Studies in Second Language Acquisition, 11,* 385-395.

Tomlin, R. & Villa, V. (1994). Attention in cognitive science and second language acquisition. *Studies in Second Language Acquisition, 16,* 2, 183-203.

Towell, R. & Hawkins, R. (1994). *Approaches to second language acquisition.* Clevedon: Multilingual Matters.

Towell, R., Hawkins, R. & Bazergui, N. (1996). The development of fluency in advanced learners of French. *Applied Linguistics, 17,* 1, 84-119.

Trahey, M. (1996). Positive evidence in second language acquisition: Some long term effects. *Second Language Research, 12,* 111-139.

Trahey, M. & White, L. (1993). Positive evidence and preemption in the second language classroom. *Studies in Second Language Acquisition, 15,* 2, 181-204.

Ur, P. (1996). *A course in language teaching: Practice and theory.* Cambridge, UK: Cambridge University Press.

Van den Branden, K (1997). Effects of negotiation on language learners' output. *Language Learning, 47,* 4, 589-636.

van Ek, J. A. & Trim, J. L. M. (1991). *Threshold Level 1990.* Cambridge, UK: Cambridge University Press. ［米山朝二・松沢伸二（訳）（1998）『新しい英語教育への指針―中級学習者レベル＜指導要領＞』大修館書店］

VanPatten, B. (1996). *Input processing and grammar instruction: Theory and research.* Norwood, NJ: Ablex.

VanPatten, B. (2003). *From input to output: A teachers' guide to second language acquisition.* McGraw Hill.

Wardhaugh, R. (1992). *An introduction to sociolinguistics (2nd ed.).* Oxford, UK: Blackwell.

White, J. (1998). Getting the learners' attention: A typographical input enhancement study. In C. Doughty & J. Williams (Eds.), *Focus on form in classroom second language acquisition* (pp. 85-113). New York: Cambridge University Press.

White, L. (2003). *Second language acquisition and universal grammar.* Cambridge University Press.

Williams, J. (2005). Form-focused instruction. In E. Hinkel (Ed.), *Handbook of research in second language teaching and learning* (pp. 671-691). Mahwah, NJ: Lawrence Erlbaum.

Wolfson, N. (1989). *Perspectives: Sociolinguistics and TESOL.* New York, NY: Newbury House.

Yamamoto, K. (2005). *The role of dictogloss in developing Japanese EFL learners' proficiency.* BA thesis, Tohoku Gakuin University.

Yashima, T. (2002). Willingness to communicate in a second language: The Japanese EFL context. *Modern Language Journal, 86,* 55-66.

Yashima, T., Zenuk-Nishide, L., & Shimizu, K. (2004). The influence of attitudes and affect on willingness to communicate and second language communication. *Language Learning, 54,* 1, 119-152

Yoshida, K. & Sophia University Applied Linguistics Research Group (2000). *Heart to heart: Overcoming barriers in cross-cultural communications.* Tokyo, Japan:

Macmillan Languagehouse.

東照二（1994）『丁寧な英語・失礼な英語―英語のポライトネス・ストラテジー』研究社出版
荒木秀二・後藤英照（編）（2000）『小・中・高を結ぶ英語教育と総合的な学習』三省堂
生田少子（1997）「ポライトネスの言語学」『言語』1997年第26巻6号 pp. 66-71
今井むつみ（編）（2000）『心の生得性―言語・概念獲得に生得的制約は必要か』共立出版
上淵寿（2004）『動機づけ研究の最前線』北大路書房
江川泰一郎（1991）『英文法解説改訂第3版』金子書房
大江健三郎（2001）『自分の木の下で』岩波書店
岡秀夫・赤池秀代・酒井志延（2004）『「英語授業力」強化マニュアル』大修館書店
苧坂直行（1998）『心と脳の科学』岩波書店
太田洋・柳井智彦（2003）『"英語で会話"を楽しむ中学生―会話の継続を実現するKCGメソッド』明治図書
太田信夫・多鹿秀継（編）（2000）『記憶研究の最前線』北大路書房
大杉邦三（1982）『英語の敬意表現』大修館書店
大杉邦三（1984）『携帯会議英語―国際会議・英語討論のための表現事典』大修館書店
大津由紀雄（1989）「心理言語学」柴谷方良・大津由紀雄・津田葵『英語学大系6 英語学の関連分野』(pp. 180-361)大修館書店
大津由紀雄（2004）『英文法の疑問―恥ずかしくてずっと聞けなかったこと』日本放送出版協会
大津由紀雄・池内正幸・今西典子・水光雅則（編）（2002）『言語研究入門―生成文法を学ぶ人のために』研究社
大津和子（1992）『国際理解教育：地球市民を育てる授業と構想』国土社
奥田夏子（1961）『楽しい教室英語』大修館書店
門田修平（2002）『英語の書きことばと話しことばはいかに関係しているか―第二言語理解の認知メカニズム』くろしお出版
門田修平（編）（2003）『英語のメンタルレキシコン―語彙の獲得・処理・学習』松柏社
門田修平・玉井健（2004）『決定版英語シャドーイング』コスモピア
門田修平・野呂忠治（編）（2001）『リーディングの認知メカニズム』くろしお出版
金谷憲（2002）『英語授業改善のための処方箋』大修館書店
金谷憲（編）（1995）『英語リーディング論』河源社
金谷憲・高知県高校授業研究プロジェクト・チーム（2004）『英語先渡しの授業の試み』三省堂
川村陽子（1995）「ことばによる丁寧表現」田中春美・田中幸子『社会言語学への招待』(pp. 125-140) ミネルヴァ書房
川成美香（2004）「社会言語学視点による第二言語習得」小池生夫（編）『第二言語習得研究の現在』(pp. 63-82) 大修館書店
北出亮（1987）『英語のコミュニケーション活動』大修館書店

木下耕児（2004）「UG理論と第二言語研究」小池生夫（編）『第二言語習得研究の現在』(pp. 3-22). 大修館書店
窪田三喜夫（1994）「クラスルーム・リサーチと第二言語習得」SLA研究会（編）『第二言語習得研究に基づく英語教育』(pp. 179-198) 大修館書店
小池生夫（2003）「応用言語学研究：その過去，現在，未来」小池生夫（編）『応用言語学事典』(pp. xxxiii-xxxviii) 研究社
小池生夫（2004）（編）『第二言語習得研究の現在―これからの外国語教育への視点』大修館書店
語学教育研究所（1988）『英語指導技術再検討』大修館書店
小菅敦子・小菅和也（1995）『英語授業のアイデア集英語教師の四十八手第8巻 スピーキングの指導』研究社
小林昭江（1994）『英語授業のアイデア集英語教師の四十八手第6巻 ライティングの指導』研究社
小林春美・佐々木正人（編）（1997）『子どもたちの言語獲得』大修館書店
小柳かおる(2004)『日本語教師のための新しい言語習得概論』スリーエーネットワーク
酒井邦秀（2002）『快読100万語！ペーパーバックへの道』筑摩書房
酒井邦秀・神田みなみ（2005）『教室で読む英語100万語―多読授業のすすめ』大修館書店
崎村耕二（1995）『英語の議論によく使う表現』創元社
佐野正之（編）（2005）『はじめてのアクション・リサーチ―英語の授業を改善するために』大修館書店
佐野正之・水落一朗・鈴木龍一（1995）『異文化理解のストラテジー』大修館書店
白井恭弘（2004）『外国語学習に成功する人，しない人―第二言語習得論への招待』岩波書店
白畑知彦・冨田祐一・村野井仁・若林茂則（1999）『英語教育用語辞典』大修館書店
白畑知彦・若林茂則・須田孝司（2004）『英語習得の「常識」「非常識」―第二言語習得研究からの検証』大修館書店
鈴木孝夫（1973）『ことばと文化』岩波書店
鈴木孝夫（1999）『日本人はなぜ英語ができないのか』岩波新書
髙島英幸(編)（1995）『コミュニケーションにつながる文法指導』大修館書店
髙島英幸（2000）『実践的コミュニケーション能力のための英語タスク活動と文法指導』大修館書店
高梨庸雄（2005）『英語の「授業力」を高めるために』三省堂
高梨庸雄・卯城祐司（編）（2000）『英語リーディング事典』研究社
高梨庸雄・高橋正夫・カール・アダムズ・久埜百合（編）『教室英語活用辞典改訂版』研究社
高野陽太郎(編)（1995）『認知心理学2 記憶』東京大学出版会
竹内理(編)（1999）『認知的アプローチによる外国語教育』松柏社
竹内理（2003）『より良い外国語学習法を求めて―外国語学習成功者の研究』松柏社
田中春美・田中幸子(編)（1995）『社会言語学への招待』ミネルヴァ書房

津田幸男（1990）『英語支配の構造―日本人と異文化コミュニケーション』第三書房
鶴田庸子・ポール・レシター・ティム・クルトン（1988）『英語のソーシャルスキル』大修館書店
投野由紀夫（編）（1997）『英語語彙習得論』河源社
遠山啓（1976）『競争原理を超えて』太郎次郎社
冨田祐一（2004）「国際理解教育の一環としての外国語会話肯定論―競争原理から共生原理へ」大津由紀雄（編）『小学校での英語教育は必要か』（pp. 149-186）慶應義塾大学出版会
中野美知子（編）（2005）『英語は早稲田で学べ』東洋経済新報社
中村敬（2004）『なぜ，「英語」が問題なのか？―英語の政治・社会論』三元社
中村太一（2004）「語彙の習得」小池生夫（編）『第二言語習得研究の現在』（pp. 123-142）大修館書店
奈須正裕（2002）『やる気はどこから来るのか―意欲の心理学理論』北大路書房
鍋倉健悦（編）（1990）『異文化間コミュニケーションへの招待』北樹出版
橋田浩一・大津由紀雄・今西典子・Yosef Grodzinsky・錦見美貴子（1999）『岩波講座 言語の科学10 言語の獲得と喪失』岩波書店
林竹二（1972/1990）『学ぶということ』国土社
ピーターセン・マーク（1998）『痛快！コミュニケーション英語学』集英社
福井直樹（2001）『自然科学としての言語学―生成文法とは何か』大修館書店
本名信行（1999）『アジアをつなぐ英語―英語の新しい国際的役割』アルク出版
本名信行（2003）『世界の英語を歩く』集英社
薬袋洋子（1994）『英語授業のアイデア集英語教師の四十八手第5巻 リーディングの指導』研究社
宮崎里司（2001）『外国人力士はなぜ日本語がうまいのか―あなたに役立つ「ことば習得」のコツ』日本語学研究所
村野井仁（2004a）「第2言語習得研究としてのフォーカス・オン・フォーム」『明海大学大学院応用言語学研究科紀要応用言語学研究』No.6, pp. 53-66.
村野井仁（2004b）「教室第二言語習得研究と外国語教育」小池生夫（編）『第二言語習得研究の現在』（pp. 103-122）大修館書店
村野井仁（2005）『フォーカス・オン・フォームが英語運用能力伸長に与える効果についての実証的研究』平成15・16年度日本学術振興会科学研究費補助金基盤研究C2（課題番号1555020367）
村野井仁（2006）「アウトプット活動としての自律要約法が日本人英語学習者の英語運用能力に与える影響」『東北学院大学オーディオ・ビジュアル・センター紀要』第10号，pp. 1-16
村野井仁・千葉元信・畑中孝實（2001）『実践的英語科教育法：総合的コミュニケーション能力を育てる指導』成美堂
望月正道・相澤一美・投野由紀夫（2003）『英語語彙の指導マニュアル』大修館書店
元田静（2005）『第二言語不安の理論と実態』渓水社
八島智子（2004）『外国語コミュニケーションの情意と動機』関西大学出版部

209

八代京子・荒木晶子・樋口容視子・山本志都・コミサロフ喜美（2001）『異文化コミュニケーション・ワークブック』三修社
安井稔（1996）『英文法総覧改訂版』開拓社
山岡俊比古（1997）『第2言語習得研究新装改訂版』桐原ユニ
山田雄一郎（2005a）『日本の英語教育』岩波新書
山田雄一郎（2005b）『英語教育はなぜ間違うのか』ちくま新書
横溝紳一郎（1995）「Community Language Learning（CLL）」田崎清忠(編)『現代英語教授法総覧』（pp. 105-115）大修館書店
吉田研作（1995）『外国人とわかりあう英語―異文化の壁を越えて』ちくま新書
吉村峰子（2000）『公立小学校でやってみよう！英語―「総合的な学習の時間」にすすめる国際理解教育』草土文化
若林茂則(編)・白畑知彦・坂内昌徳(2006)『第二言語習得研究入門』新曜社
渡部淳（1995）『国際感覚ってなんだろう』岩波書店
渡辺浩行（1994）『英語授業のアイデア集英語教師の四十八手第7巻 リスニングの指導』研究社
和田勝明・大谷泰照（監）（1999）『英語科における国際理解教育―指導と評価』『英語教育』別冊第48巻第3号　大修館書店
和田稔・Cominos, A. ・Betts, R.・石川有香(編)(1998)『ティーム・ティーチングの授業』大修館書店

索引

あ

アイデンティティ　179
i＋1　28, 37
アウトプット　48, 64, 78, 82, 83, 98, 109, 161, 186
アウトプット仮説　64
アウトプット補強法　107
アクション・リサーチ　189, 190
ACTモデル　96
暗示的文法指導　109
暗示的文法習得　92

い

意見交換タスク　59
意識高揚　108
意思決定タスク　58
一般的問題解決型学習システム　7
意図的学習　100
異文化受容　171
イマージョン・プログラム　65
意味交渉　46, 47, 62, 106, 109
意味地図　20, 41, 42, 128
意味中心言語活動　88
意欲　118
インタラクション　45, 50, 51, 186
インタラクション仮説　45
インタラクション補強法　61, 107
インテイク　9, 14, 15
インフォメーション・ギャップ・タスク　53, 55

インプット　5, 24, 27, 28, 30, 32-34, 38, 44, 161, 186
インプット仮説　64
インプット洪水　105
インプット処理　108
インプット補強法　106

え

英語帝国主義　155
empowerment　153
enlightenment　156

お

応用言語学　190
オーラル・イントロダクション　19, 34, 37, 38, 78, 79, 82
音読　21, 38, 39, 79, 82

か

外国語　vii, 3
外発的動機　119, 161
拡散タスク　59
学習者中心教授法　91, 129, 130
学習ストラテジー　113, 127-130, 132
仮説形成　13, 14, 69
仮説検証　10, 14, 15, 48, 68-70
画像描写タスク　54
関係性　75, 77, 119, 120
関与　140, 141

き

気づき　9, 11, 19, 27
機能　12, 25, 34, 48, 49, 55, 57, 89, 139, 142-145, 148, 175, 176, 184
帰納的文法指導　19
機能能力　175
教育文法仮説　91
共感　171
教室英語　34
教室SLA研究　4, 186-188
教授可能性　94
強制アウトプット　48
協同学習　77

く

偶発的学習　27, 100

け

形式・意味・機能マッピング　13, 48, 90, 103
言語獲得装置　5
言語転移　69
言語能力　172

こ

交流分析　124
国際感覚　158
国際的志向性　119
国際補助言語　175, 178
国際補助言語としての英語　153
国際理解教育　78, 172
個人差　113, 187
コミュニケーション・スタイル　187
コミュニケーション・ストラテジー　125
コミュニケーション・タスク　16, 22, 53-55, 97
コミュニケーション能力　115, 167, 183
語用的誤り　144
根本的相違仮説　7

さ

最近接発達領域　94
産出　22

し

自己決定性　75
自己決定性・自律性　119, 120
自動化　7, 10, 15, 16, 39, 71, 95, 97
指導効果研究　188
自民族中心主義　160, 172
社会言語学　135
社会言語能力　168, 174
社会文化理論　94, 147
シャドウイング　16, 21, 32, 43, 103
修正的リキャスト　90
収束タスク　59
受容語彙　79
情報交換タスク　55
情報転換の原則　53
情報の格差　52
情報の転換　53
処理可能性　94
自律の学習　101
自律的フォーカス・オン・フォーム　101, 102
自律要約法　73-75, 84, 85
真正性　30
心理言語的レディネス　93

す

スタディ・グループ　51

ストーリー・リテリング 82,83

せ

生得的言語獲得モデル 5
世界のさまざまな事柄についての知識
　や考え 169,170
宣言的知識 96,97

た

態度 10,115,156
態度・姿勢 169-171
第二言語 vii,3
第二言語学習 vii
第二言語習得 vii
第二言語でコミュニケーションしよう
　とする意欲 113
タスク 53-55,60,97,108,120
タスク中心教授法 105,110
タスク必須言語 105
多読 29
談話完成タスク 143,144
談話完成テスト 145,148
談話能力 168,173

ち

地球規模の課題 18,157
注意 11,26,27,89,97
中間言語 6,9,13-16,66-69
長期記憶 16

て

ティーチャー・トーク 33
ディクトグロス 20,22,75-77,108
提示 19,60
手続き化 39,95-97
手続き的知識 96,97
転移 139,145

と

同化 45
動機 9,17,19,39,115-121
道具的動機 116,162,164
統合 9,15,16,21,22
統合的動機 116,162,164
統語処理 70,71,77
導入・練習・応用 19
読後活動 18,40-42,76,78,82
独立 140,141
読解活動 40,18
読解事前活動 18,40

な

内在化 9,14,21,22
内発的動機 75,119,120,161,164
内容中心教授法 105,110,157
内容中心第二言語学習 29,75,159
内容中心第二言語教育 172
内容中心第二言語教授法 16,17
ナチュラル・アプローチ 64

に

日本人英語 178,179
認知スタイル 124-126
認知的アプローチ 3,7
認知能力 169,178
認知比較 15,66,77,107
認知プロセス 3,9-11,16,18,21,22,
　47,51,64,79,83,109,186

の

ノン・インターフェイスの立場 26

は

背景知識 37

発達段階　93,94
発表語彙　74,79,98

ひ

PCPP　18,19
PPP　18,19
必要注意マイナス1　97

ふ

不安　10,121-124
フィードバック　15,46,48,61,68-70,90,107,127
フォーカス・オン・フォーム　13,80,88-90,93,98,101-105,109,110,187
付随的学習　100
普遍文法　5,6,8,11
プロダクション・モデル　71-73
文法書　112
文法能力　167,172

ほ

方略的インタラクション　56-58,61,107,145
方略能力　168,177
補償ストラテジー　79,129,177
ポライトネス　65,135-139,150,175,187

め

明示的文法指導　109
明示的文法説明　19
明示的文法知識　91,92
面子威嚇行為　136
問題解決タスク　56,58

ゆ

誘導要約法　73,78,111

有能さ　75,119,120

よ

要約法　22,73

り

理解　9,10,12,19-21,47
理解可能なアウトプット　65-67
理解可能なインプット　24,28,34,37,47,65
理解語彙　98
リキャスト　104,107

れ

練習　21,60,95

わ

ワーキング・メモリー　127
World Englishes　175
World Studies　170,171
和訳先渡し授業　20

[著者略歴]

村野井 仁(むらのい ひとし)

福島県会津高田町(現会津美里町)生まれ。中央大学文学部卒業,法政大学大学院修士課程修了。法政大学第一中・高等学校教諭を経て,北米大学教育交流委員会(Exchange:JAPAN)の派遣でミシシッピ大学において日本語講師を務めながら同大学大学院で学ぶ(MA in TESOL 取得)。その後,ジョージタウン大学大学院博士課程で応用言語学およびSLAを専攻(Ph. D 取得)。同大学でも講師として日本語を教えた。現在,東北学院大学文学部教育学科教授。専門は教室第二言語習得研究,応用言語学。主な著書に,『第二言語習得研究の現在』(共著,第6章担当,大修館書店),『実践的英語科教育法』(共著,成美堂),『英語教育用語辞典』(共著,大修館書店),文部科学省検定済高校検定教科書 *Genius English Communication* (代表・大修館書店), Focus on form through interaction enhancement. *Language Learning, 50,* 3. などがある。

第二言語習得研究から見た効果的な英語学習法・指導法
ⒸHitoshi Muranoi, 2006　　　　　　　　NDC375/x, 214p/21cm

初版第1刷────2006年4月20日
　第10刷────2019年9月1日

著　者────村野井　仁
発行者────鈴木一行
発行所────株式会社大修館書店
　　　　　　〒113-8541　東京都文京区湯島2-1-1
　　　　　　電話03-3868-2651(販売部)　03-3868-2293(編集部)
　　　　　　出版情報 https://www.taishukan.co.jp
　　　　　　振替00190-7-40504

装丁者────加藤光太郎
装　画────安田みつえ
印刷所────文唱堂印刷
製本所────難波製本

ISBN978-4-469-24513-4　Printed in Japan

Ⓡ本書のコピー,スキャン,デジタル化等の無断複製は著作権法上での例外を除き禁じられています。本書を代行業者等の第三者に依頼してスキャンやデジタル化することは,たとえ個人や家庭内での利用であっても著作権法上認められておりません。